中国社会科学院国情调研特大项目"精准扶贫精准脱贫百村调研"

精准扶贫精准脱贫百村调研丛书

CASE STUDIES OF TARGETED POVERTY REDUCTION AND
ALLEVIATION IN 100 VILLAGES

李培林／主编

精准扶贫精准脱贫
百村调研·璞岭村卷

茶叶、药材产业规模化
助力高质量脱贫

宁亚芳 ／著

社会科学文献出版社

SOCIAL SCIENCES ACADEMIC PRESS (CHINA)

中国社会科学院国情调研特大项目
"精准扶贫精准脱贫百村调研"
项目协调办公室

主　任：王子豪

成　员：檀学文　刁鹏飞　闫　珺　田　甜　曲海燕

总　序

　　调查研究是党的优良传统和作风。在党中央领导下，中国社会科学院一贯秉持理论联系实际的学风，并具有开展国情调研的深厚传统。1988年，中国社会科学院与全国社会科学界一起开展了百县市经济社会调查，并被列为"七五"和"八五"国家哲学社会科学重点课题，出版了《中国国情丛书——百县市经济社会调查》。1998年，国情调研视野从中观走向微观，由国家社科基金批准百村经济社会调查"九五"重点项目，出版了《中国国情丛书——百村经济社会调查》。2006年，中国社会科学院全面启动国情调研工作，先后组织实施了1000余项国情调研项目，与地方合作设立院级国情调研基地12个、所级国情调研基地59个。国情调研很好地践行了理论联系实际、实践是检验真理的唯一标准的马克思主义认识论和学风，为发挥中国社会科学院思想库和智囊团作用做出了重要贡献。

　　党的十八大以来，在全面建成小康社会目标指引下，中央提出了到2020年实现我国现行标准下农村贫困人口脱贫、贫困县全部"摘帽"、解决区域性整体贫困的脱贫攻坚目标。中国的减贫成就举世瞩目，如此宏大的脱贫目标世所罕见。到2020年实现全面精准脱贫是党的十九大提出的三大攻坚战之一，是重大的社会目标和政治任务，中国的贫困地区在此期间也将发生翻天覆地的变化，而变化的过程注定不会一帆风顺或云淡风轻。记录这个伟大的过程，总结解决这个世界性难题的经验，为完成这个攻坚战献计献策，是社会科学工作者应有的责任担当。

2016年，中国社会科学院根据中央做出的"打赢脱贫攻坚战"战略部署，决定设立"精准扶贫精准脱贫百村调研"国情调研特大项目，集中优势人力、物力，以精准扶贫为主题，集中两年时间，开展贫困村百村调研。"精准扶贫精准脱贫百村调研"是中国社会科学院国情调研重大工程，有统一的样本村选择标准和广泛的地域分布，有明确的调研目标和统一的调研进度安排。调研的104个样本村，西部、中部和东部地区的比例分别为57%、27%和16%，对民族地区、边境地区、片区、深度贫困地区都有专门的考虑，有望对全国贫困村有基本的代表性，对当前中国农村贫困状况和减贫、发展状况有一个横断面式的全景展示。

在以习近平同志为核心的党中央坚强领导下，党的十八大以来的中国特色社会主义实践引导中国进入中国特色社会主义新时代，我国经济社会格局正在发生深刻变化，脱贫攻坚行动顺利推进，每年实现贫困人口脱贫1000多万人，贫困人口从2012年的9899万人减少到2017年的3046万人，在较短时间内实现了贫困村面貌的巨大改观。中国社会科学院组建了一百支调研团队，动员了不少于500名科研人员的调研队伍，付出了不少于3000个工作日，用脚步、笔尖和镜头记录了百余个贫困村在近年来发生的巨大变化。

根据规划，每个贫困村子课题组不仅要为总课题组提供数据，还要撰写和出版村庄调研报告，这就是呈现在读者面前的"精准扶贫精准脱贫百村调研丛书"。为了达到了解国情的基本目的，总课题组拟定了调研提纲和问卷，要求各村调研都要执行基本的"规定动作"和因村而异的"自选动作"，了解和写出每个村的特色，写出脱贫路上的风采以及荆棘！对每部报告我们都组织了专家评审，由作者根据修改意见进行修改，直到达到出版要求。我们希望，这套丛书的出版能为脱贫攻坚大业写下浓重的一笔。

中共十九大的胜利召开，确立习近平新时代中国特色社会主义思想作为各项工作的指导思想，宣告中国特色社会主义进入新时代，中央做出了社会主要矛盾转化的重大判断。从现在起到2020年，既是全面建成小康社会的决胜期，也是迈向第二个百年奋斗目标的历史交会期。在此期间，国家强调坚决打好防范化解重大风险、精准脱贫、污染防治三大攻坚战。2018年春节前夕，习近平总书记到深度贫困的四川凉山地区考察，就打好精准脱贫攻坚战提出八条要求，并通过脱贫攻坚三年行动计划加以推进。与此同时，为应对我国乡村发展不平衡不充分尤其突出的问题，国家适时启动了乡村振兴战略，要求到2020年乡村振兴取得重要进展，做好实施乡村振兴战略与打好精准脱贫攻坚战的有机衔接。通过调研，我们也发现，很多地方已经在实际工作中将脱贫攻坚与美丽乡村建设、城乡发展一体化结合在一起开展。可以预见，贫困地区的脱贫攻坚将不再只局限于贫困户脱贫，我们有充分的信心从贫困村发展看到乡村振兴的曙光和未来。

　　是为序！

李培林

全国人民代表大会社会建设委员会副主任委员

中国社会科学院副院长、学部委员

2018 年 10 月

前　言

　　习近平总书记于 2013 年 11 月在武陵山片区湖南省湘西土家族苗族自治州花垣县十八洞村的考察中首次提出了"精准扶贫"的概念。后又到陕西、贵州调研考察扶贫工作时，提出了"四个切实""四个一批""六个精准"。在减贫与发展高层论坛上，习近平总书记又提出"五个一批"和"六个精准"。在中央扶贫开发工作会议上，习近平总书记进一步系统阐述了"五个一批"的精准扶贫、精准脱贫的基本方略。之后，以精准扶贫为核心的反贫困体系逐步健全，并与全面建成小康社会协同推进。党的十八大以来，全国农村贫困人口累计减少 8239 万人。截至 2018 年末，全国农村贫困人口从 2012 年末的 9899 万人减少至 1660 万人，累计减少 8239 万人；贫困发生率从 2012 年的 10.2% 下降至 1.7%，累计下降 8.5 个百分点。①全国各地各级政府因地制宜探索"N 个一批"精准扶贫措施，加大项目资金整合力度，农村绝对贫困问题加速得到解决。

---

① 《2018 年全国农村贫困人口减少 1386 万人》，国家统计局，2019 年 2 月 16 日，http://www.stats.gov.cn/tjsj/zxfb/201902/t20190215_1649231.html。

很多基层党委政府将精准扶贫精准脱贫比喻为一场战役，制定了"作战图""作战手册"等规划，并流传"挂图作战""不脱贫不下战场"等鼓舞人心的口号，中西部诸多贫困地区地方党委政府的各项工作也都紧密围绕精准扶贫精准脱贫攻坚战来组织实施。必须看到，规模浩大的政府主导、各方参与的精准扶贫精准脱贫攻坚战给贫困农村带来了海量的发展资源。既包括大量的专项财政资金，也包括大量的驻村帮扶工作队和"第一书记"，还包括金融机构、施工单位、社会公益组织、慈善组织、专业技术部门、电商平台等多个类型的帮扶力量。这些资源规模空前地投入农村地区，对贫困人口的发展能力、村庄的发展能力与思路、村庄的社会关系（农户之间的关系、干群之间的关系、农户与合作组织之间的关系等）网络结构、农村事务治理、村民的可持续生计模式与产业格局都逐渐产生了深远的影响。党的十九大报告[①]提出，"让贫困人口和贫困地区同全国一道进入全面小康社会是我们党的庄严承诺"。[②]实际上，从各地实行的"N个一批"精准扶贫精准脱贫措施来看，我国已经在解决农村和贫困人口的多维贫困问题上采取了诸多有效措施。我国广大农村在这次高度组织化的精准扶贫精准脱贫攻坚战中，已经在解决绝对贫困的同时，实现了农村居民可持续生计和村庄发展模式的重构与再造。

[①] 文中引用党的十九大报告内容均引自人民出版社于2017年10月出版的《中国共产党第十九次全国代表大会文件汇编》，特此说明。

[②] 《中国共产党第十九次全国代表大会文件汇编》，人民出版社，2017，第38页。

学界在评估精准扶贫精准脱贫成效过程中，有部分学者就提出了农村在完成精准扶贫精准脱贫后该如何发展的问题，贫困人口在社会保障兜底保障和完成易地扶贫搬迁或是产业帮扶之后该如何继续接受帮扶的问题。大家都对如何巩固和持续发挥精准扶贫精准脱贫效果进行了深思。从世界各国的反贫困政策理念变迁来看，增强贫困人口的参与能力、鼓励就业并实现社会融入一直是西方福利国家在经历多次社会福利政策改革后所最终坚持的，例如以这一理念为导向的政策通常被称为"发展性社会政策"。因此，增强贫困人口的自身发展能力，并在所在地区的发展环境与发展条件中实现融合，是促进个体发展能力与地区发展能力双向良性互促的逻辑路径与理念导向。这就意味着，在完成精准扶贫精准脱贫后，如何持续提升农村的发展能力、发展活力和对外部资源的吸引力是社会各界应当认真思考的重大问题。

针对学术界的关注点，中国社会科学院国情调研特大项目百村调研子项目"武陵山片区土家族贫困村精准扶贫成效研究"课题组于2017年6月中旬远赴湖北省长阳土家族自治县璞岭村进行实地调研，并按照总课题组的要求完成了问卷调查。实地调研工作得到了中国社会科学院科研局，中国社会科学院国情调研特大项目百村调研工作办公室，中共长阳土家族自治县县委、县政府，以及中共都镇湾镇党委、镇政府的大力支持。在长阳土家族自治县扶贫办的帮助下，课题组顺利地在璞岭村完成了近半个月的驻村调研。调研方式包括查阅璞岭村精准扶贫工作的相关纸质资料，与驻村帮扶干部、村干部和村民代表进行访谈，到各个村民小组完成抽样调查问卷。调研的主题就是璞岭村的精准扶贫模式、实践和成效。

璞岭村地处武陵山特困连片地区东北部，距县城110公里，是一个偏僻的山村；因地处深山，发展条件差，是该县精准扶贫的重要战场之一。当地干部群众将全村地貌特征概括为"山大人又稀、山山像屋脊、中间三条溪、三坪一烧箕"，海拔落差在300~1800米。2016年，全村户籍人数2300人743户，男女性别比为53.5 ∶ 46.5，土家族人口占86.08%。调研分析发现，璞岭村的致贫原因为：基础设施差，村民市场参与能力不强；产业结构单一，农户依靠本地农业增收难度大；基本公共服务供给不足，村庄发展能力弱；因病致贫问题严重，村民灾难性支出压力大；村民受教育程度低，人力资本积累薄弱；自我发展主观能动性不强，产业发展与村庄治理缺乏积极观念；山区灾害频发，村庄发展环境缺乏稳定性。得益于被选中作为长阳土家族自治县精准识别工作的试点地区，璞岭村的精准识别试点工作提炼出了"四看四算"的精准识别办法和"一看二算三会四评"的精准识别程序。在"1156"扶贫模式的引导下，璞岭村以发展主导产业为着力点，以增强内生动力为落脚点，推进"精品茶叶大村、高山药材名村、宜居宜业新村"建设，致力于打造全县精准扶贫精准脱贫示范村。经过自2015年以来的精准扶贫实践，璞岭村以茶叶、药材为品牌的产业发展基础进一步夯实，产业规模化发展脱贫体系初步形成，贫困户住房质量显著改善，劳动力人力资本质量持续提升，社会保障兜底保障效果突出，社会扶贫资源补充帮扶效果显现，集体经济发展步入起步阶段。就贫困户的增收情况而言，璞岭村建档立卡贫困户受访家庭的收入水平总体有了提升，并且获得的政府转移性收入也显著高于非贫困户受访家庭。此外，医疗报销费用也对建档立卡贫困户产生更大的减贫效应。低保金和其他惠农补贴等也对建档立卡贫困户产生了显著的增收效应。问卷分析表明，璞岭村的村民对当前的生活水平给予了积极评价。尽管贫困户与非贫困户受访者的生活水平还存在差距，但就纵向而言，贫困户的生活质量有明显改善。

璞岭村精准扶贫成效的取得，展现了以下六条经验。第一，重视发挥党组织引领贫困户解放思想的基础作用。第二，积极探索专业合作组织带动贫困户增收和增技。第三，持续整合扶贫资源助推产业协同发展脱贫体系的形成。第四，充分调动非贫困户参与产业发展脱贫行动。第五，科学选择茶叶和药材作为扶贫产业有助于抵御价格波动。第六，积极动员贫困户融入扶贫项目增强社会治理参与能力。但是，要真正帮助贫困户形成可持续生计，并从根本上改变璞岭村的产业发展格局和发展环境，璞岭村的精准脱贫的巩固工作还应该加强。璞岭村虽然已经脱贫"摘帽"，但扶贫产业发展仍处于起步阶段。在新时代，璞岭村实现高质量的精准脱贫还面临以下挑战。一是产业发展脱贫体系初步形成但增收效果尚不明显。二是产业规模化发展与基本公共服务供给不太协调。三是现有人力资本水平与高质量产业发展脱贫之间差距较大。四是基础设施建设造成一定程度上的生态环境破坏不容忽视。五是璞岭村社会事业不平衡不充分的发展问题依然十分突出。结合璞岭村村情和精准脱贫已经取得的成效、面临的挑战，璞岭村在新时代背景下实现高质量脱贫，应当继续在以下几个方面持续发力。第一，加强对脱贫户生活状态的跟踪关注和服务。第二，加强对扶贫产业的市场信息研判。第三，加快推进扶贫产业产业链的延伸和从业者技能培训。第四，强化农业专业合作社引领贫困户提升增收致富的作用。第五，加大社会扶贫资源的引入和整合。第六，提升璞岭村基本公共服务的供给水平。

璞岭村的精准扶贫精准脱贫实践可以说是长阳土家族自治县精准扶贫实践的一个缩影。目前，该村已经初步走上了一条以茶叶和药材为主打品牌的产业之路。璞岭村实施以产业发展为主导的一系列精准扶贫措施，在消除绝对贫困的同时，也为该村深入推进乡村振兴战略和决胜全面建成小康社会奠定了基础。

目　录

第一章

璞岭村相关情况

璞岭村地处武陵山特困连片地区 [①] 东北部（北纬30°20′56.70″，东经110°50′21.28″），在行政区划上属于长阳土家族自治县都镇湾镇。该村位于都镇湾镇西南部，距县城 110 公里，是一个偏僻的山村；因地处深山，发展条件差，璞岭村是该县精准扶贫的重要战场之一。关于村名的由来有两种说法，说法一是相传该村境内的高山中有玉，古时候一王姓女子时刻守护山中之玉免遭外人盗挖并用土石掩盖美玉，后人便称该村地名为璞岭。说法二是该村境内的山脉分布像汉字"卜"，很早以前也有村民称该村地名为"卜岭"。为全面立体地掌握璞岭村的贫困

---

　　① 武陵山片区是我国 14 个集中连片特困地区之一，包括湖北、湖南、重庆、贵州四省市交界地区的 71 个县（市、区），涉及 1376 个乡镇 23032 个行政村，境内有土家族、苗族、侗族、白族、回族和仡佬族等 9 个世居少数民族。

状况和村庄发展外部环境，本研究首先将对其所在的长阳土家族自治县和都镇湾镇的基本情况做一个简要介绍。

第一节 长阳土家族自治县县情及贫困状况

长阳土家族自治县地处鄂西南武陵山区、清江中下游，是长江流域古文明的发祥地，是"长阳人"的故乡、巴人故里和800万土家族的发源地。长阳于西汉时设县，唐朝时定名长阳土家族自治县。1984年，国务院批准设立长阳土家族自治县。长阳山歌、南曲、巴山舞是土家族文化"三件宝"，清江奇石、根艺、盆景成为长阳文化的"新三件宝"，撒叶儿嗬、长阳山歌、都镇湾故事、薅草锣鼓被列入国家非物质文化遗产保护名录。

长阳土家族自治县是一个集老、少、山、穷、库于一体的国家扶贫开发工作重点县和武陵山扶贫攻坚片区县。长阳土家族自治县同样也是革命老区，贺龙元帅曾在长阳五进五出，领导长阳人民举行了"西湾起义"，在麻池成立了全国少数民族第一军——红六军。全县土地面积3430平方公里，下辖11个乡镇154个行政村4个居民委员会970个村民小组，总人口41万。境内有土家族、汉族、苗族、满族、蒙古族、侗族、壮族等23个民族，其中土家族约占51%。2016年生产总值133亿元，地方公共财政预算收入 7.55 亿元，完成全社会固定资产投资 107 亿元，外贸出口 7179 万美元，社会消费品零售总额 48.9 亿元，农村居民人均可支配收入 9253 元。

长阳土家族自治县产业特色鲜明，有"火烧坪"蔬菜、一致魔芋、华饴木本油、"清江"、"天宴"等 5 个中国驰名商标，火烧坪包儿菜、金福红栀、清江椪柑 3 个国家地理标志保护产品。该县是全国高山蔬菜大县，种植面积达 50 万亩；长阳土家族自治县也是中药材种植大县，种植面积达 25 万亩，资丘木瓜、金福红栀、资丘独活为中华药典名贵中药材品种。长阳土家族自治县先后被授予全国民族团结进步模范集体、全国发展民族教育先进县、全国科技进步先进县、全国农业标准化示范县、全国新型农村合作医疗先进县、全国文化先进县、中国民间文化艺术之乡等荣誉称号，被批准为国家可持续发展实验区、全国第三批低碳示范城市、国家新型城镇化试点县。

长阳土家族自治县尽管具有丰富的自然资源，但是山区农村贫困问题也十分严重。全县山峦起伏、沟壑纵横，东高西低，500 米以上山地面积占土地总面积的 71%，且岩多坡陡、土地贫瘠、耕地分散，是典型的"七山两水一分田"的内陆县。全县土地面积为宜昌市第一，但 80%的耕地是坡耕地，其中大于 25°的陡坡耕地达 8456 公顷，人均耕地仅 1.7 亩。[①]据统计，2014 年底，长阳有贫困户 2.89 万户，占农村总户数的 26.5%；贫困人口 9.5 万

---

① 中共长阳土家族自治县县委、县政府:《长阳土家族自治县经济社会发展情况汇报》，2015 年 6 月。

人，占农村人口总数的 27.6%。2015 年底建档立卡贫困户 26622 户 76259 人，贫困人口占农业总人口的 25% 以上，接近宜昌市贫困人口的 1/4。2016 年，全县有建档立卡贫困户 21006 户 58872 人，39 个建档立卡贫困村。截至 2017 年 4 月，未脱贫出列 28 个村、未脱贫销号 21006 户 58872 人。

长阳土家族自治县具有较好的区位优势[①]，但受山区实际制约，经济社会发展依然不平衡，呈现东部强西部弱、沿路强深山弱、城镇强山村弱的态势。恶劣的生存环境是该县贫困人口摆脱贫困的主要制约因素。该县贫困村的共同特点被概括为"三差六难"，即：自然条件差、居住环境差、发展能力差；上学难、就医难、婚嫁难、行路难、吃水难、用电难。综合而言，各贫困村的贫困原因主要包括：第一，自然条件恶劣，可用资源贫乏，生态环境脆弱，水土流失严重，农业抗风险能力差；第二，产业结构不合理，经济来源单一，农民无稳定收入来源；第三，劳动者素质较低，科技意识薄弱，缺乏市场经济观念；第四，人均占有耕地不多，土地资源和人口配置不合理；第五，各种自然灾害频繁，严重影响农民脱贫致富。

2015 年，长阳土家族自治县县委、县政府紧扣"精准扶贫，不落一人"总要求，按照"党政齐动手、社会广参与；托底全覆盖、产业富百姓；扶贫关键点，改革建机制；

---

① 长阳地处武陵山片区东大门、宜昌"1+5"都市圈和半小时经济圈，县城距省会武汉 320 多公里，距三峡机场 32 公里，距长江水运码头 28 公里，沪渝高速、宜万铁路、318 国道、清江黄金水道横贯全境。

精准到农户，组织作保证"思路，秉持"守望山水，思源行远"发展理念，把脱贫攻坚作为头等大事和第一民生工程来抓。全力推进"1156"脱贫攻坚模式（建强一个基层党组织、筑牢一个政策托底线、织密产业发展"五张网"、实施精准扶贫"六个到户"），确保2018年全县贫困人口脱贫、贫困村出列、贫困县"摘帽"，争创全省精准脱贫示范县。[①] 长阳土家族自治县的精准扶贫成效较为显著，2016年度全县减贫目标任务20659人，实际完成21146人，易地扶贫搬迁1635户4051人，当年有11个贫困村完成"摘帽"任务。[②] 长阳土家族自治县政府2015年8月签订的《宜昌市减贫脱贫责任书》，承诺到2018年底，全县39个贫困村94783个贫困人口全部实现脱贫。2016年该县的扶贫工作目标是：第一，完成包括都镇湾镇在内的3个乡镇的精准脱贫攻坚任务；第二，抓好包括璞岭村在内的14个重点贫困村整村推进工作。

第二节　都镇湾镇镇情及贫困状况

4000年前，土家族先祖巴人廪君浮舟西征，开创了巴国文明的历史，如今802万土家儿女分散在世界各地，每

① 《长阳土家族自治县精准扶贫工作情况汇报》，2017年1月6日。
② 《长阳土家族自治县精准扶贫工作情况汇报》，2017年1月6日。

年到武落钟离山朝圣的人络绎不绝；2000 年前，汉高祖刘邦设佷山县，县府在都镇湾的佷山，即武落钟离山，都镇湾镇因此有"佷阳古地，夷水名疆"的美称。都镇湾镇地处清江中下游，土地面积 525 平方公里，下辖 26 个行政村 170 个村民小组，人口近 5.3 万。镇政府驻地水路距离隔河岩码头 29 公里，陆路距县城约 40 公里，全镇海拔203~2259.1 米。镇党委下设 47 个基层党组织，有 1793 名党员。都镇湾镇是中国土家族的发祥地，都镇湾镇同时也是著名革命老区，麻池苏区革命遗址位于长阳都镇湾麻池村，曾发生过中国革命史上著名的"西湾起义"，并成立了"土家第一军"——中国工农红军第六军。

都镇湾在县内具有"八最"镇情。一是历史最悠久。下辖的武落钟离山是土家族发祥地，都镇湾素有"巴人故里"之称。二是文化底蕴最深厚。"都镇湾故事"是国家第二批非物质文化保护遗产，土家族山歌、南曲、巴山舞、吹打乐等在镇内推广及传承极为广泛，都镇湾镇由此被确定为"宜昌市非物质文化保护之乡"。三是海拔最高。镇内崩尖子海拔 2259.1 米，是长阳第一高峰。四是水域最长。清江画廊 300 里，境内 100 里。五是森林覆盖率最高。森林覆盖率达 80% 以上，拥有一个国家级原始森林自然保护区。六是景点最多。镇内有 5A 级景区清江画廊、3A 级景区麻池古寨，现有武落钟离山、麻池、崩尖子、财苑山庄四个主体景点，第五个主体景点佷阳古镇正在加快建设。七是红色记忆最浓。麻池古寨红色记忆深刻，素有"红军窝子"之称，"鄂东将军县"指红安县，"鄂西红军乡"指的就是都镇湾镇原麻池乡。八是生态环境最优。有6万亩金福红栀，3万亩清江早茶园，生态环境优美，是宜居宜旅宜业之地。[1]

全镇先后荣获"湖北省文明集镇""湖北省平安乡镇""湖北省卫生乡镇""湖北省电力设施保护先进单位""宜昌市文明乡镇""宜昌市非物质文化保护之乡"等荣誉。截至2016年，全镇农村经济总收入达到2.5亿元，比2011年的1.64亿元增长52%，其中工业总产值达到1.9亿元，比2011年的1.04亿元增长83%；财政收入预计达到1770万元，比2011年的530万元增长234%；固定资产投资3.5亿元，比2011年的1.44亿元增长143%；农民人均可支配收入达到5338元，比2011年的2550元增长109%。[2]

都镇湾镇是宜昌市十八个贫困乡镇之一。通过2015年对全镇的精准识别发现，该镇当年有14797户52250人，其中贫困户4821户14943人，分别占总户数和总人数的32.6%和28.6%。[3]该镇的贫困户和贫困人口占比均要高于全县整体水平。该镇的贫困人口主要存在文化程度低、年龄偏大、体弱多病、单身汉多等特点。2015年在全镇开展的贫困状况大调查发现，全镇的主要致贫原因包括以下几点。第一，因病致贫。因病致贫约占全镇贫困原因的60%。其中，突发事故致残和慢性重大疾

---

① 根据都镇湾镇扶贫办提供的《都镇湾镇情简介》整理。
② 《都镇湾镇第十届人民代表大会政府工作报告》，2016年11月23日。
③ 长阳土家族自治县扶贫攻坚领导小组：《长阳土家族自治县都镇湾镇精准扶贫调研报告汇编》，2015年12月。

病各占一半。第二，因学致贫。全镇贫困户中，因学致贫共 819 户，占被调查户数的 17%。第三，因交通不便、信息不畅致贫。第四，因知识、技术、劳力缺乏致贫。据调查，约 30% 的贫困农民看不懂报纸杂志或读不懂科技书籍。在全镇贫困户中，因缺资金和技术致贫的共 2265 户，占贫困户的 47%。第五，因天灾人祸致贫。都镇湾镇部分自然村条件恶劣，农业生产条件差，旱灾、水灾、火灾等灾害时有发生。第六，人力资本积累匮乏。全镇留村农民大多数在 50 岁以上，且大多呈现老、病、残等明显特征，很少见到"80 后"农民，而且文化素质普遍偏低，多为初中和小学文化程度。后续产业发展的人力资源不足矛盾突出。[①]

都镇湾镇"十三五"时期的发展目标是，围绕"茶乡花海"和"生态古镇"目标，坚持用旅游的理念，突出发展魅力产业，着力打造美丽乡村，聚力建设美丽古镇。根据镇"十三五"规划，尽快催生和布局实施一批支撑力度大、带动力强、发展潜力好的重大项目，盘活集镇功能，繁荣农村经济，努力打造"三纵三横"交通大格局。秉承"集中火力打造生态古镇"理念，推进新型城镇化建设，将都镇湾打造成全省乃至全国闻名的品牌乡镇。着力打造全域旅游示范点。抢抓全县争创全国全域旅游示范县的机遇，充分利用开发苏区红色文化、崩尖子自然保护区、生态美丽乡村、民间民俗文化等旅游资源，完善并实施好各

---

① 长阳土家族自治县扶贫攻坚领导小组：《长阳土家族自治县都镇湾镇精准扶贫调研报告汇编》，2015 年 12 月。

村乡村旅游规划。紧紧依托清江画廊，突出寻根祭祖之旅、红色记忆之旅、户外探险之旅、田园风光之旅（①樟木垒美丽乡村；②十五溪故事村；③金福嵩水坪红栀花园；④虎头山万亩牡丹、千亩果园；⑤水竹园贡米田园风光；⑥璞岭高山风光、避暑胜地、药材之都）四大主题，高标准建设倮阳古镇，突出土家民族元素，集中展现民俗传统文化，将项目区建成清江画廊核心景区旅游综合服务体、集散地、承接点。在全镇打造出由集镇综合集散中心、清江观光廊道、红色文化体验区、生态山水观光区、特色乡村休闲区、养生运动度假区构成的"一心、一廊、四大片区"的旅游布局，努力争当全县全域旅游的"主攻手"。①

第三节　璞岭村村情及贫困状况

一　璞岭村概况

璞岭村是位于都镇湾镇西南部的一个偏僻山村，东接龙潭坪，西接麻池，南接响石村，北接沙堤村。村域面积32.7平方公里，距县城110公里。2002年，在经历"撤乡并镇、合村并组"之后，原璞岭村、内溪村、肖坪村三村合并成了

① 《都镇湾镇第十届人民代表大会政府工作报告》，2016年11月23日。

现在的璞岭村。当地干部群众将全村地貌特征概括为"山大人又稀、山山像屋脊、中间三条溪（内溪、刘家溪、大溪沟）、三坪（东坪、西坪、顶坪）一烧箕"，海拔落差在300~1800米。璞岭村的地理位置及地貌见图1-1。

图1-1　璞岭村地理位置及地貌卫星图

资料来源：依据谷歌卫星地图截图得到，图中圆形标志所在位置即为璞岭村村委会所在地。

全村有8个村民小组。其中，1、2、3组地处海拔1000~1500米的高山地区，4、5、6组则位于海拔略低的位置，7、8组则处在该村地势相对平缓的位置。目前，村"两委"办公地点就设在8组。全村在册耕地面积4650亩、实际可耕种面积9500亩，林地37761亩。该村是一个典型的农业村，在早期的开发式扶贫过程中，该村形成了以核桃、魔芋为主的主导产业，经济收入以种植业、养殖业、务工经济创收三项来源为主。[①] 全村有党支部1个，党小组3个，党员64名（其中入党积极分子3名），村民代表27人，村组干部8人。2014年全村农业总产值806

① 根据璞岭村村委会提供的《璞岭村汇报材料2014》整理得到。

万元，人均纯收入仅2300元；2015年农村经济总收入903万元，人均纯收入2803元；2016年农村经济总收入1011万元，人均纯收入3140元。

根据该村户籍花名册统计，2016年，全村户籍人数2300人743户。其中，男性1231人，女性1069人，男女性别比为53.5∶46.5。土家族人口占86.12%，汉族人口占13.88%。分民族性别比来看，土家族男女性别比是52.6∶47.4，汉族男女性别比是59.2∶40.8。相对而言，户籍人口中，汉族的男女性别比差异更大。总体而言，户主为土家族的家庭中，男性担任户主的比例要高于女性，分别为87.8%和12.2%。户主为汉族的家庭中，男性担任户主的比例也要高于女性，分别为95.7%和4.3%。全村户籍人口平均年龄为47.12岁，汉族户籍人口的平均年龄要显著高于土家族，分别为54.72岁和45.90岁。这在一定程度上反映出璞岭村汉族人口的年龄整体偏大，人口老龄化的可能性要大于土家族。各村民小组之间在户数、人数、男女性别比、民族人口分布等方面存在较大差异，详见表1-1。

人口老龄化一直是我国城乡社会治理高度关注的话题。分析发现，璞岭村的人口老龄化现象不容乐观。户籍人口中，65岁及以上人口占比高达20.30%，60岁以上人口占比高达27.60%。老龄化程度已经基本靠近日本、韩国等发达国家老龄化水平。而且60岁及以上人口中，65~80岁的高龄老年人比例最高，占到了16.20%。而从年龄人口来看，0~6岁儿童人口仅占1.60%，18岁以下人口也仅占7.10%。具体如图1-2所示。

表1-1　2016年璞岭村户籍人口信息

	人口数（人）	户数（户）	男性（人）	女性（人）	土家族（人）		汉族（人）		土家族户数（户）		汉族户数（户）		平均年龄（岁）		
					男	女	男	女	户主为男	户主为女	户主为男	户主为女	总体	土家族	汉族
全村	2300	743	1231	1069	1042	938	189	130	536	74	134	6	47.12	45.90	54.72
1组	285	97	159	126	122	109	37	17	61	12	24	0	48.61	48.52	49.00
2组	269	81	145	124	124	97	21	27	66	7	15	0	47.82	46.00	56.14
3组	243	83	133	110	99	90	34	19	48	7	26	2	47.36	44.73	57.07
4组	226	68	126	100	81	70	45	30	27	6	34	1	47.06	42.55	56.13
5组	339	106	165	174	116	140	49	34	62	9	32	3	46.68	43.75	55.68
6组	307	100	170	137	169	136	1	1	85	14	1	0	47.25	47.27	43.50
7组	288	94	151	137	151	136	0	1	94	0	0	0	46.92	47.03	31.00
8组	343	114	182	161	180	160	2	1	93	19	2	0	45.69	45.68	46.33

资料来源：依据璞岭村村委会提供的《璞岭村户籍册》整理计算得到。需要说明的是，这一人口数可能与后面的人数统计信息略有出入，但仍能基于某一时点的数据从总体上看出璞岭村的人口结构。

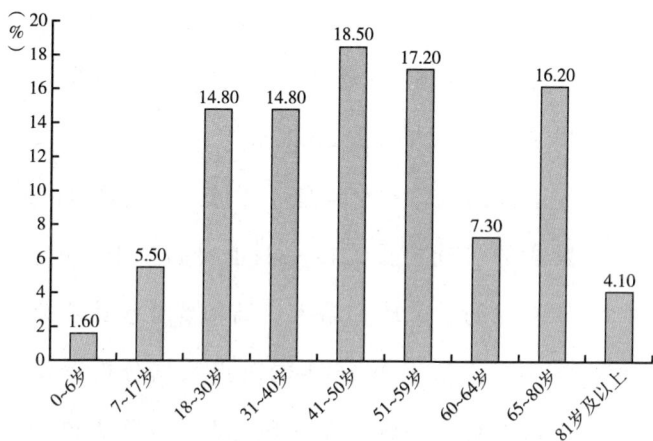

图1-2　2016年璞岭村各年龄层人口结构状况

资料来源：精准扶贫精准脱贫百村调研－璞岭村调研。

说明：本书统计图表，除特殊标注外，均来自璞玲村调研。

从分年龄和性别的人口结构来看（见图1-3），璞岭村的女性老龄化问题更为严重，60岁及以上的女性人口占28.72%，60岁及以上男性人口占比则为26.73%。分性别来看，璞岭村总体上呈现了倒金字塔的人口结构状况。

再从分民族的情况来看（见图1-4），也确实证实

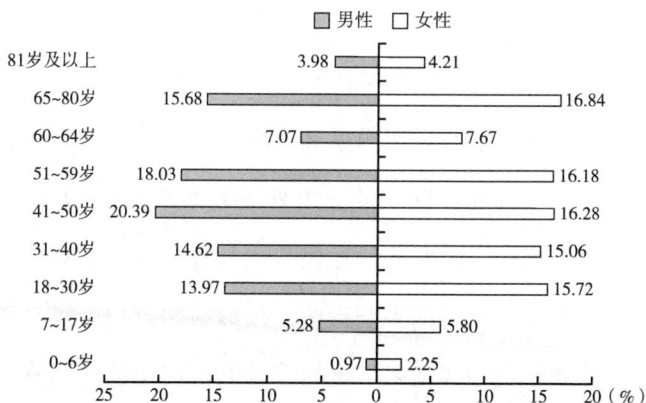

图1-3　2016年璞岭村分年龄、性别的人口比例金字塔

了璞岭村汉族人口老龄化问题比土家族更严重的判断。汉族人口中60岁及以上的人口占36.68%，而土家族60岁及以上的人口占26.22%。土家族60岁及以上的3个年龄段的人口比例均低于汉族。而村内41~59岁两个年龄段的汉族户籍人口比例也要高于土家族。可以看出，璞岭村的土家族户籍人口结构要比汉族户籍人口结构更加年轻。基于2016年的时点数据分析发现，璞岭村的人口老龄化问题，尤其是女性、汉族人口的老龄化问题更加应当引起高度重视。

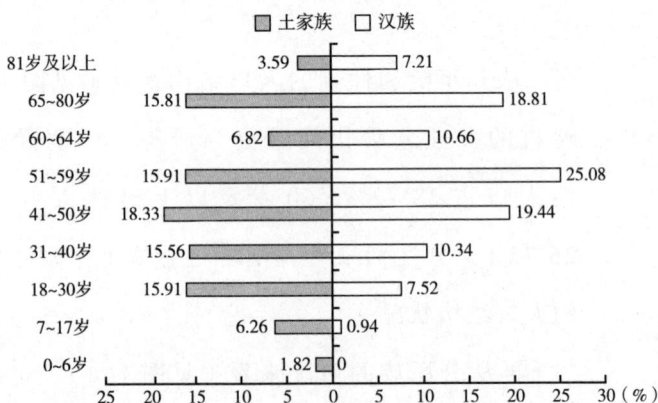

图1-4 2016年璞岭村分年龄、民族的人口比例金字塔

　　受地处深山和撤乡并镇的双重影响，该村尽管在原来的基础上合并了内溪和肖坪两个村，但村内原有的肖坪小学、麻池乡驻璞岭办事处等公共机构在21世纪初期陆续被撤销。这对该村村民获取教育、医疗、对公业务等服务造成了一定的不利影响。璞岭村因群山阻隔，又地处所在乡镇的边界地带，进村公路和出村道路均只有一条，整个村落与外界的联系一直不方便，全村经济社会发展水平在

较长时期内偏低。由于深居高山之中，商贸物流和物资交换缺乏地利之便，因此产业结构相对单一，农户普遍以种植玉米、土豆等粮食作物为主；村民也没有固定日期赶集的习惯，在对年纪大的村民访谈中了解到，大家只有生产生活物资用完了才会下到麻池（老麻池乡政府所在地，现已并入都镇湾镇）买东西。住在海拔较高的1、2、3组村民，在精准扶贫之前，还有不少住的是茅草房。在基础设施建设方面，村内除外界通到村委会的路为硬化路之外，通往其他各村民小组的路都没有硬化，并且多是沿山修建的狭窄泥土路，道路的畅通度和安全度均很低。在用电方面，全村电线杆子大多是木制的，电压低且不稳定的问题十分严重，村民在农忙季节经常需要错峰打磨，生产活动十分受限①。值得注意的是，改革开放初期，村内一部分村民跟随当时在村内修路的浙江老板外出务工做裁缝，成为长阳土家族自治县劳务经济的一大亮点。但大部分生活在村内的村民由于缺乏与外界的联系，对外界的生产生活变化了解较少，因而致富增收方面的观念相对保守，主动求变的积极性并不强烈。总体而言，缺乏较好的发展环境和条件，加之许多村民的自身发展能力不足、发展意识不强，使得璞岭村的贫困问题十分严重。

---

① 根据都镇湾镇精准扶贫调查发现，璞岭村存在低电压改造不彻底的问题，常用电压在160伏左右，勉强照明，洗衣机、干湿磨等农村常用电器无法正常使用，经常"转不动"，木电杆、散股线仍然大量存在。

二 璞岭村贫困状况

璞岭村作为一个深处偏僻深山之中的行政村,贫困问题十分严重,村落的发展环境和条件十分艰苦。早在精准扶贫开展之前,璞岭村就是全县的整村推进贫困村。2013年,全村有一个农家书屋,但无任何娱乐设施。全村的组织建设方面,59名党员,32名村民代表,"两委"班子5人,以及2名专职村民小组组长。仅有在原肖坪中学一层楼房改造后的办公地点,但没有办公设备。在基础设施方面,全村有130公里的公路,通户率为87%,但还有30多户家庭未通公路。全村供养变压器11个,但大多数电线杆为木头杆。危房户50多户,人畜饮水困难户为560多户2100多人。当时的产业基础是,核桃林200亩、魔芋400亩、蔬菜100亩、高山药材100亩。2013年全村启动整村推进以来,累计投入650万元,全村面貌得到很大改变,为新农村建设打下了坚实的基础。但也存在没有集体经济、产业结构单一,种养业科技含量较低,缺资金、缺技术、致富门路窄,没有形成一定规模,村民人均纯收入还很低。[①]据统计,2014年,璞岭村有建档立卡贫困户242户719人。

2015年,璞岭村扶贫迎来了一个历史性机遇。长阳土家族自治县县委、县政府在学习贵州毕节精准识别贫困户经验的基础上,决定在全县范围内的154个村实施贫困状况摸底调查。在随机抽样中,璞岭村成为全县54个贫困村

① 《璞岭村基础设施建设及产业发展规划》,2015年7月。

和特困村中的第一个试点调查村^①。县委、县政府将璞岭村的试点调查撰写成了《璞岭村调查》^②。这篇报告全面展现了璞岭村 2014 年贫困状况。据报告统计，全村有富裕户 5 户 21 人，分别占总户数和总人口的 0.7% 和 1.1%；一般户 436 户 1218 人，分别占总户数和总人口的 65.3% 和 62.4%；贫困户 227 户 712 人，分别占总户数和总人口的 34.0% 和 36.5%。在贫困户中，扶贫户 93 户 289 人，分别占贫困户和贫困人口的 41.0% 和 40.6%；低保户 15 户 61 人，分别占贫困户和贫困人口的 6.6% 和 8.6%；扶贫低保户 106 户 347 人，分别占贫困户和贫困人口的 46.7% 和 48.7%；五保户 13 户 15 人，分别占贫困户和贫困人口的 5.7% 和 2.1%。这意味着，璞岭村 2014 年的贫困发生率为 36.5%。具体如表 1-2 所示。

表 1-2　璞岭村 2014 年全村家庭按收入分层

类别	合计	富裕户	一般户	贫困户				
				总计	扶贫户	低保户	扶贫低保户	五保户
户数（户）	668	5	436	227	93	15	106	13
比例（%）	—	0.7	65.3	34.0	41.0	6.6	46.7	5.7
人数（人）	1951	21	1218	712	289	61	347	15
比例（%）	—	1.1	62.4	36.5	40.6	8.6	48.7	2.1

注：此处数据与表 1-1 存在一定出入，在论及璞岭村贫困状况时仍以《璞岭村调查》公布的数据为准。

资料来源：依据长阳土家族自治县县委、县政府发布的《璞岭村调查》整理得到。

① 按照长阳县委、县政府的工作部署，计划在全县 54 个贫困村和特困村中随机选择一个村进行先期试点调研，为全县的贫困状况精准识别工作提供经验，在随机抽样中，璞岭村被抽中作为第一个试点样本。

② 《璞岭村调查》得到省委、市委主要领导的充分肯定，省委办公厅印发《参阅件》供各地学习借鉴。

县委、县政府完成对璞岭村的试点调查后，将该村定位为边界贫困村，并作为精准扶贫重点村。县委书记赵吉雄同志亲自挂点联系璞岭村，致力于全村的脱贫攻坚工作，并将该村建设成为省、市、县精准脱贫示范村。

三 璞岭村致贫原因

因受地理位置的影响，璞岭村地处大山之中，交通不便。这种地理区位环境导致了居住在内的居民在耕地开发、粮食作物种植等方面受到限制，而在获取医疗、教育、通信、电力等方面也曾长期受到制约，加之村内难以有效发展加工业，种养殖业受基础设施影响等无法形成规模，使得整个村庄的发展缺乏经济活力、社会动力。而长期身居山中，璞岭村的村民对外界信息的了解程度不足，自给自足程度较高，市场经济意识相对较弱，村庄自身在整个改革开放以来的社会主义现代化建设过程中，未能获得充分的发展与提升，因而造就了璞岭村的整体贫困状况。尽管村内也在 20 世纪 90 年代开始出现大量的外出务工人员，但是这部分人对于村庄贫困问题的解决只能起到很小一部分作用。而近年来，随着学校、医院等合并到镇区，加剧了璞岭村年轻劳动力的外流，这就导致璞岭村贫困问题的解决缺乏充足的年轻劳动力的有效参与。总体而言，地理位置偏僻、基础设施差、思想较为保守、公共服务供给缺乏、年轻劳动力加速外流等，这些都是璞岭村的致贫原因，同时也是贫困村的贫困问题的重要表现。下面结合调研资料，具体分析该村的致贫原因。

（一）基础设施差，村民市场参与能力不强

道路不通畅且安全性差是璞岭村整村贫困的首要制约因素。四面环山的地形导致璞岭村全村的进出路等级太低，路面狭窄且大多为泥沙路。加之距离镇区和县城都十分远，因此村民们的生产生活极为不方便。据《璞岭村调查》所示，长期以来，璞岭村因为山高路远、地处偏僻，村外的菜贩子很少到村民农户家中收购农民种植的蔬菜，因此农户往往要用农用车或三轮麻木车等传统交通工具经过多次转运，才能在麻池集镇集中装运。这种耗损极大的农产品转运模式，导致农户的农产品销售交通成本极高，且因转运对农产品的新鲜度、完整度等造成的损耗降低了其售价。在养殖业方面，位置偏僻和交通不畅导致自养生猪和山羊的农民因对市场信息不了解，难以应对售价的信息不对称问题，因而往往以过低的价格将猪、羊等贩卖给收购商贩。据估算，由于对市场价格缺乏了解，璞岭村的农民卖一头猪或一只山羊的价格要比璞岭村所在乡镇的镇区麻池村收购价低300元左右。[①] 截至2015年，全村当时有主线公路50公里，入户公路80公里，但硬化里程仅有8公里（仅占全村道路

———————————

① 参见《璞岭村调查》。

的 6%）。农户未通公路的仍达 53 户，2017 年调研组深入村民小组调研时，1、2、3 组仍有不少农户的入户路为泥路，且与村道的距离较远，人和车辆通行极为不方便、不安全。此外，一旦遭遇大雨、大风等恶劣天气，道路通行就受阻。因此，长期以来，村民在市场交易活动、拖运建筑材料建房等方面受到严重影响。"要致富、先修路"这个早期农村扶贫开发的口号，至今仍然适用于璞岭村。

（二）产业结构单一，农户依靠本地农业增收难度大

璞岭村产业结构单一，首先表现在耕地面积少。璞岭村全村海拔在 800~1800 米，山区面积大，可供全村村民耕种的平整土地并不多。自新中国成立以来的公社化运动等一系列开发活动，使全村拥有为数不多的坡度大于 25° 的耕地。受气候水源的影响，全村大部分可耕地中，主要种植玉米和土豆，以及部分的豆类作物。《璞岭村调查》显示，长期以来，璞岭村村民在可用的耕地中，一半以上的农户均大面积种植玉米（亩产在 300~500 公斤）；另外还有小面积种植水稻、土豆、黄豆等，产量均不高。璞岭村产业结构单一，其次表现为养殖业无法形成规模。受喜吃腊肉的风俗习惯影响，璞岭村每家每户都会散养 2~3 头生猪自给自足。此外，部分农户也"靠山吃山"，散养了羊和鸡等，但是这些家禽和牲畜的养殖均以自用为主，仅有少部分拿到市场上销售，也未能形成规模养殖。《璞岭村调查》分析发现，全村当年出栏

100 头猪以上养殖户仅 4 户,年出栏数不高,收入较低;全村 2014 年出栏猪 3200 头、羊 1820 只、鸡 3800 只。璞岭村产业结构单一,最后表现为茶叶、核桃、药材等经济作物种植未成规模。璞岭村作为高山地区,适合种植茶叶、药材等作物。早在 20 世纪 80 年代,全村也兴建了第一批茶园。但是农户考虑到种植茶园会挤占粮食作物耕种用地[①]、茶叶知名度不高销售难等问题,因此近几十年来全村村民,并没有将种植业重心放在茶叶上。而药材种植也未形成规模化。一是药材种植对气候条件要求较高[②],璞岭村仅有地处海拔最高的 1、2、3 组较宜种植药材;二是部分药材的种苗成本高,对种植技术要求高。基于上述原因,在精准扶贫实施之前,璞岭村并未形成规模化的药材种植。思想上偏保守(市场化意识不强、对市场风险的畏惧),用于投入的资金储备和种养殖技能储备不足等多重因素,导致璞岭村产业结构长期以来处于失衡状态。

分析《璞岭村调查》发现,截至 2015 年上半年,全村有茶园 1100 余亩,但均为各家各户在自留地上的零散种植,且大多数茶园没有定期专业的培养管理,许多茶叶长在树上无人采摘,任其自然生长。据统计,由于村民全靠手工采摘茶叶,并且只采摘春茶一季,因此全年

---

① 笔者在对村民们访谈中发现,村民对于产业结构的调整心存担忧。例如,在用种植茶叶替换种植玉米这件事情上,受访村民提出的一个代表性观点就是:"种植茶叶,就是个树叶子,卖不出去的时候又不能当饭吃;而种植玉米就很可靠,就算卖不出去也可以留作粮食,至少可以解决口粮问题。"

② 目前,该村药材主要种植区域在海拔 1000 米以上的东坪、西坪和顶坪。

全村茶叶产量极低。2014年，璞岭村茶叶产量不足1万斤。以农户茶叶收入为例，2014年5组某村民种植8余亩茶叶，但茶叶年收入仅3000元，每亩茶叶收入不足400元。[①]在核桃种植方面，受2013年以来整村推进项目的扶持，全村累计种植核桃700亩，但是由于缺乏专业的培育管理技术，很多果树无法结果。这导致种植核桃的农户遭受经济损失（例如，2组某村民种植核桃20亩，至2015年无一棵树挂果，但土地又不能种植其他作物）和丧失信心，而且其他村民也从心理上抵触核桃等具有风险的经济作物的种植。在药材种植方面，虽然全村大致有贝母、独活、天麻、白芨、重楼等数十个药材种植品种，但适宜药材种植的地区仅在1、2、3组等高海拔地区，并且由于种植技术、资金投入、销售渠道等方面限制，全村药材种植主要是极少数村民散种。总体而言，长期的产业结构单一，导致全村的农产品加工业没有发展起来。全村仅有一家作坊式的茶厂，进行茶叶的初级加工。绿茶加工能力十分有限。因此，村民从本地农产品生产和加工中增收的难度很大。

（三）基本公共服务供给不足，村庄发展能力不足

受地处深山和撤乡并镇的双重影响，该村尽管在原来的基础上合并了内溪和肖坪村两个村，但村内原有的肖坪小学、麻池乡驻璞岭办事处等公共机构在21世纪初

---

① 参见《璞岭村调查》。

期陆续被撤销。这对该村村民获取教育、医疗、对公业务等服务造成了一定的不利影响。在用电方面，长期以来，璞岭村电线杆属于木头杆子，极易腐坏和受风灾影响，用电安全性差。另外，由于电压太低，村民在农忙季节经常需要错峰打磨，生产活动十分受限。全村13个供电台区，有11个供电台区存在安全隐患。在通信方面，截至2015年全村不通宽带；在手机信号方面，全村1500余人生活在电话通信信号盲区；通信方面的不方便造成该村村民的社会交往成本相对较高。在医疗卫生方面，撤乡并镇后，璞岭村仅剩下一个卫生室，并且村卫生室仍然租用在之前作为供销社的危楼中，缺乏最基本的诊疗硬件设施[①]。实地调研发现，村卫生室内仅有一名年近退休的医生，卫生室仅配备了一台血压计等日常监测的电子化仪器（见图1-5）。医疗资源的配备极为紧缺，村民很难在村内获得日常基本的医疗服务。大多数情况下，村民只能下山到麻池卫生院进行初步就诊，而如果要到县城医院就医则路途遥远，且租车十分不方便[②]。受制于医疗资源短缺和交通不便等影响，璞岭村也存在呆、傻、残、重病贫

---

① 按照《长阳土家族自治县医疗机构分级诊疗实施方案》对就诊范围的划分，村卫生室的诊疗范围是一般常见病、多发病门诊治疗。乡镇卫生院主要负责常见病、多发病及慢性病的防治工作和提供分级诊疗首诊服务即公共卫生服务，协助上级医院抓好中间或院后服务，合理分流患者。主要接诊病种单纯，病情较稳定的一般门诊、住院病例以及与技术水平、设施设备条件相适应的病例，包含：一般常见病、多发病患者；诊断明确，不需要特殊治疗的患者；急性期治疗后病情稳定，需要继续康复治疗的患者；需要长期治疗与管理的慢性病患者；老年护理患者；各种恶性肿瘤患者的晚期非手术治疗和临终关怀；具备条件的一级手术诊疗；上级医院下转的康复期患者。

② 目前村内开通了上、下午各一班去往县城的班车，而平时如果遇有突发疾病，只能自行租用面包车或摩托车等下山就诊，交通成本和时间成本极高。

图1-5 璞岭村卫生室内部结构

（宁亚芳拍摄，2017年6月17日）

困人口多的难题，2015年全村有42户46人自我基本生活困难。此外，全村还有40岁以上单身115人，难以成家，单身中年贫困人口问题十分严重。

村内教育资源匮乏，也导致村内家庭子女从学龄前教育开始就得离家到十多公里之外的镇区。调研时发现，村民为应对这一问题，一部分外出务工的父母就将子女带到务工附近的地区上学；另一部分在村内或附近乡镇打临工的父母则采取请孩子的爷爷奶奶或者自己的妻子在幼儿园或学校附近租房陪读的方式，解决孩子的上学问题。从幼儿园开始一直陪读到高中，这种陪读方式对璞岭村家庭而言是"既减收又增支"。具体而言，长期陪读不仅加大了家庭的教育成本及生活成本，同时也导致家里缺少能持续稳定就业的劳动力。因此，璞岭村培养一个学生出来的成本要明显高于其他地区。

此外，长期以来村内因电力、网络等基本公共服务配置不足，村内缺乏基本的公共娱乐设施，在精准扶贫之前没有通小喇叭，也没有图书室或者基本的文化活动室。除了偶尔打一下长阳花牌外[①]，村民们几乎没有公共娱乐活动。实际上，由于村民们要早出晚归在山林或坡地劳作，一年到头都很少有时间看电视，智能手机因信号不稳定也没法上网。因此，长期在村内劳动的村民对村外的世界和信息了解很少。这也是村民思想相对保守的一个重要原因。

（四）因病致贫问题严重，村民灾难性支出压力大

璞岭村地处高山，受生活环境恶劣和劳动强度过大等因素影响，村民患风湿、腰椎损伤等农村常见慢性病比例较高。而这些慢性病对从事农业耕作的农民影响更大，体力劳动会受到上述关节类疾病的严重影响，家庭因病丧失主要劳动力的现象较为普遍。加之基层医疗资源严重不足，获取基本卫生医疗服务难度极大，璞岭村很多村民，在生病后也大多采取"小病扛、大病拖"的应对策略。而等扛、拖以致重大疾病，再去住院治疗时的费用就成了农户的沉重负担。重大疾病的灾难性支出导致很多家庭因病致贫，债台高筑。此外，由于村民家庭本来就很难形成可观的稳定收入，在长期慢性病或突发重大疾病的情况下，这些脆弱的农村家庭不仅面临灾难性医疗支出，同时也意味着丧失劳动收入。根据《璞

---

① 长阳花牌是流行于宜昌、荆州、天门及湖南、四川等地的纸牌游戏。花牌（又名"上大人"）是中国传统长牌类纸牌游戏的一种，呈长条片状，约一小拃长，半寸宽，用硬纸刷清漆制成。每副牌110张，20世纪80年代戏称打花牌为"学习110条"。

岭村调查》，2015 年，全村患重大疾病（治疗费用在 2 万元以上）的贫困户共有 150 户，占户籍总数的 20.2%。截至 2015 年上半年，该村健康人口所占比重为 64.25%；患长期慢性病贫困人口所占比重为 26.81%；患有大病的贫困人口所占比重为 7.66%；残疾贫困人口所占比重为 1.28%。贫困人口身体健康状况令人担忧，患病、残疾等健康问题成为贫困人口摆脱贫困的最大障碍。[1]总体而言，璞岭村大部分农村家庭因收入总量低、稳定性差，加之医疗资源匮乏和位置偏僻，因而不得不"小病硬扛"，等拖到大病难医时又不得不面临灾难性医疗支出，这根"稻草"压垮了许多农村家庭。

（五）受教育程度低，村民人力资本积累薄弱

尽管璞岭村自 20 世纪 80 年代以来，有很多青壮年劳动力外出到北京等地从事裁缝事业，也较早地参与到现代市场工业生产活动，并完成了一定的家庭资本积累。但是，总体而言，璞岭村长期以来大部分村民的受教育水平偏低，村民的人力资本积累薄弱，青壮年劳动力人力资源也未得到较好开发。根据《璞岭村调查》，2015 年全村 227 户贫困低保户中，因学致贫的贫困户占 18.75%，66.83% 的贫困低保户认为当前或最近三年面临的最大困难是子女上学开支（见图 1-6）。除了贫困户人口受教育程度低，贫困户的劳动技能掌握情况并不理想。该村绝大多

---

[1] 参见《璞岭村调查》。

数农户无一技之长，227 户贫困户中，无劳动能力人口占 37.69%，丧失劳动能力的人口占 9.04%，普通劳动力人口占 52.48%，仅有 0.79% 的人具有一定的劳动技能。

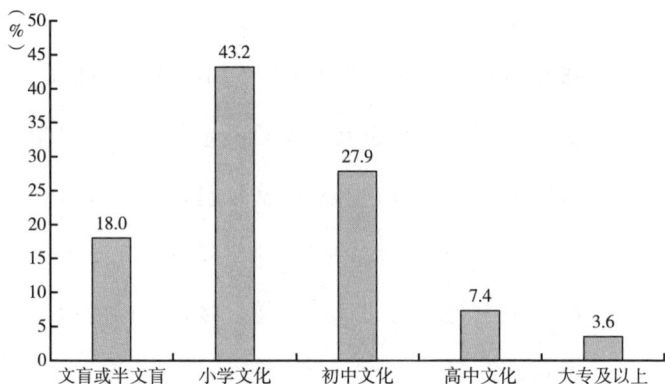

图 1-6　2015 年璞岭村贫困人口的受教育程度情况

（六）自我发展主观能动性不强，产业发展与村庄治理缺乏积极观念

上述多方面因素的综合作用，导致璞岭村村民整体上思想偏于保守，对外界经济社会发展的状况缺乏比较，又加上缺乏发展条件，因此璞岭村村民，尤其是贫困村民主动发展产业和参与乡村治理的主观能动性不足。具体表现在，中老年村民较易安于现状，在生产生活中缺乏创新意识，主动参与村内公共事务的积极性较弱。根据《璞岭村调查》的个案访谈资料，"我们都饿怕了，也穷怕了，不敢东想西想，没有钱用不要紧，只要有吃的就行"，这是村民缺乏主动创新求变的一个写照。普通群众缺乏向贫困

宣战的勇气和斗志①。该村贫困家庭的极端案例之一，就是
居住在海拔 1000 米以上的一位村民，58 年都从未走出过
大山，就连仅有 30 公里的庄溪集镇（镇政府所在地）都没
到过，全家人住的也是茅草房，睡的也是破棉絮，一家三
口极度贫困。驻村第一书记更是将璞岭村创新求变不足的
现状概括为缺乏"三类人"，即引路人、带头人和明白人。
具体而言，一是引路人思路不定，规划不科学。该村"两
委"班子虽想带领群众脱贫致富，但一段时间内缺乏对村
庄产业发展和治理的整体科学规划。二是带头人较少。璞
岭村缺乏组织化的带动力量，将村民的生产和力量凝聚在
一起。2015 年之前，该村仅有一个药材生产专业合作社，
在册社员有 169 户，其中有名无实的社员就达 60 户，在
合作社挂名但自己又分散种植的约 90 户，真正入社且服
从合作社统一规划和安排的只有 19 户。三是明白人缺乏。
绝大部分农民看不懂报刊或读不懂科技书籍②，无法与外界
交流，不能或无法及时获取科技信息和市场信息，传统种
植和养殖业（种植玉米、土豆、红苕和分散养猪）是行家
里手，发展现代农业是地道的"门外汉"，全村贫困户基

---

① 据了解，璞岭村一村民家中有 3 个劳动力，11 亩土地全部用于种植玉米，然
后用玉米喂猪，一年下来，全家纯收入只有 3000 多元。其他群众田边地角种
的多种多样，什么都有，但什么都不成规模，产出来的也就是自家用。例如，
老百姓种的茶叶，只采一季芽尖，只要卖个几百块钱就心满意足了，根本没
把心思放在规模化、标准化、专业化的发展思路上，完全是"望天收"。该
村老百姓一年勤扒苦挣，平均每亩收入也就 500 元左右，只能实现温饱，根
本无法致富。
② 关于这一点，笔者在实地调研中发现，村民每天上山辛苦劳作，由于山高路
远，每天劳动时间普遍在 10 个小时以上。回家之后劳累不堪，没有心情也没
有时间看电视。加之村民几乎从不订阅报纸杂志或购买书籍，因此对外界的
信息了解不多。

本没有真正意义上的政策明白人、科技明白人和市场明白人，必须开智培训。[①]

（七）山区灾害频发，村庄发展环境缺乏稳定性

长阳土家族自治县因山高坡陡、山势险峻、河谷深切、新构造运动活动频繁、降雨丰沛、人类工程活动强烈等因素，造成地质灾害发生种类多、分布广、频率高、灾情重，是湖北省地质灾害多发县之一。因灾致贫返贫，也是导致璞岭村贫困的重要原因之一。璞岭村自然条件恶劣，农业生产条件差，旱灾、水灾、火灾等灾害频繁。刚刚解决温饱的贫困户，抵御自然灾害的能力较弱，一遇灾害就会重新返贫。例如，2016 年 7 月 19 日，璞岭村发生洪涝灾害，导致璞岭村 1 组 4 户贫困户发生房屋倒塌。涉及受灾人口 16 人，房屋 16 间。村内 6 条主要公路通道发生大面积垮塌，公路路面严重受损，老百姓出行难，运输中断。农业生产和基础设施受到极大破坏，部分已销号的贫困户返贫，部分未销号的贫困户贫困程度进一步加深加重。[②]《2016 年璞岭村群众达标大会"一事一议"决议》确定当年县扶贫办拟安排财政扶贫资金 35 万元用于维修因暴雨侵袭损毁的 30 多公里的村道。

[①] 参见《璞岭村调查》。

[②] 《长阳土家族自治县脱贫攻坚工作情况汇报》，2017 年 2 月。

第二章

精准扶贫：对象识别、扶贫规划与
脱贫标准

第一节　璞岭村贫困人口的精准识别

　　自习近平总书记于 2013 年 11 月 3 日深入武陵山连片特困地区的腹地湘西土家族苗族自治州考察并提出精准扶贫以来，全国各地都在围绕精准识别、精准施策、精准脱贫的目标提升我国农村反贫困政策的实施效率与效果。精准识别出贫困人口是实现精准扶贫的基础性步骤，也是精准扶贫工作的第一步。2014 年，贵州省毕节市威宁彝族回族苗族自治县迤那镇探索出的"一看房、二看粮、三看劳动力强不强、四看家中有没有读书郎"的精准识别"四看"法，因地制宜地将农村贫困人口进行了精准识别，并为扶贫资源从"大水漫灌"转向"精准滴灌"打下了良好基础。① 而这套由名不见经传的迤那镇摸索出的精准识别办法，从此备受全国扶贫工作实践者和研究者的高度关注。

正是在这样的大背景下，湖北省委决定组织全省贫困地区的基层干部深入贵州毕节进行考察学习，学习精准扶贫的先进经验以加快推进本省精准脱贫和全面建成小康社会的步伐。在结束考察学习后，长阳土家族自治县县委随即决定随机在全县 54 个贫困村中选择 1 个样本村，先进行全县精准识别的摸底调查，最终，璞岭村被选中。璞岭村因而成为全县精准扶贫精准识别工作的起点，省委更是将璞岭村的精准识别实践作为扶贫工作经验，号召在全省范围内进行学习。

在确定璞岭村作为精准识别摸底调查的样本村后，2015 年 6 月，长阳土家族自治县县委主要领导同志带队，抽调县镇干部 30 余人组建了 9 个调研小组。先后三次走进璞岭村开展为期 1 个月调研，形成了 1 个主报告和 9 个分报告，湖北省委、宜昌市委分别发了参阅件。在试点调查过程中，调研组坚持县、乡、村"三级联动"，不听层层汇报，不戴有色眼镜，不预设条件和门槛；直接驻村蹲点，实地查看群众的困难，当面了解群众的意见，实事求是，让群众自主评判。在此过程中，调查组根据长阳土家族自治县和璞岭村的实际情况，提出了"四看四算"精准

---

① 胡祥修、胡琼瑶:《贵州精准扶贫探访（一）:"四看" 瞄准靶心扶真贫》,《湖北日报》2015 年 7 月 6 日。

识别办法和"一看二算三会四评"精准识别程序。[①] 前者完成了村内所有农户的分档分类，而后者则以民主的方式精确识别出了精准扶贫建档立卡户。

一 "四看四算"的精准识别办法

（一）一看房屋算家当

主要看农户的住房面积、结构、建房时间，查看住房里生活起居设施、吃穿住用行用品，以及存放在家的固定资产和生产生活资料，估算所有家当现金价值，初步确定扶持对象。通过调查，2015年，璞岭村有砖混结构房屋78栋，占11.4%；土坯房589户，占85.7%；茅草房20户，占2.9%；全村没有愁吃愁穿的家庭。在耐用消费品方面，59.4%的家庭有电视机，29.8%的村民（外出打工人员除外）有手机等现代通信设备，46.4%的拥有摩托车、农用车等交通工具。

（二）二看产业算后劲

主要看农户从事农业生产的基础条件、种植面积、商品用经济作物面积，估算贫困农户脱贫致富能力，初步确定扶持方向。经调查确认，璞岭村产业发展的基础条件落后，信息闭塞。2015年6月，全村有主线公路50公里，

---

① 中共长阳土家族自治县县委、长阳土家族自治县人民政府：《我们是如何做好精准识别的》，2015年12月。

入户公路 80 公里，但硬化里程仅有 8 公里，占 6%，且道路的安全通畅率极差。此外，全村还有 53 户完全未通公路。

（三）三看劳力算收入

主要看农户劳动力的人力资本情况，具体指标包括文化程度、平均年龄、身体状况。此外，算收入则考量农户家庭劳动力的打工收入支出状况。调查发现，璞岭村群众受教育程度低，劳动知识技能缺乏，绝大多数农户无一技之长。227 户贫困户中，丧失劳动能力的贫困人口占贫困人口总数的 9.04%；无劳动能力的贫困人口占贫困人口总数的 37.69%。

（四）四看医教算支出

大额医疗费用支出和教育成本支出是导致农村家庭贫困或返贫的重要原因，因大额医疗费用支出对家庭经济状况会造成影响，因此国际上将家庭遭遇的大额医疗费用支出比喻为"灾难性支出"。璞岭村在考察家庭收入水平和创收能力之余，也将家庭的医疗卫生支出情况列入了识别指标。在实际调查识别中，工作组主要看是否有学生以及家人治病医药费支出。璞岭村患长期慢性病贫困人口占 26.81%，患大病的贫困人口占 7.66%，残疾贫困人口占 1.28%，全村 227 个贫困户中，因学致贫的家庭有 39 户，占 17.18%；66.83% 的贫困户认为当前或最近三年面临的最大困难是子女上学开支困难。

在"四看四算"精准识别调查的基础上，工作组对璞岭村农户进行全面的家庭信息核查，并将璞岭村农户划分为五个类别（见表2-1）。

表2-1 璞岭村农户类别分层及划分标准

户别类型	划分标准
富裕户	在产业发展、家庭收入等方面具有明显优势且具有一定示范效应的农户
一般户	在产业发展及家庭收入方面不具有优势，但能依靠现有自身能力保持基本发展，通过政策引导、巩固提高，可达到小康水平的农户。其人均可支配收入在国家规定的贫困线标准以上
扶贫户	依靠现有自身能力难以维持基本发展，但给予一定扶持后，能够增强自我发展能力，实现脱贫的农户
特困户	人均可支配收入在贫困线以下，且因病、因学、因残、因灾、因智、因老、因弱、因环境、因劳力，不能通过扶持提升自身发展能力的农户，需要政策兜底
五保户、孤儿	民政部门法律规定标准

二 "一看二算三会四评"精准识别程序

长期以来，农村居民的收入难以全部折算为现金进行量化统计，加之各地农村老百姓对贫困家庭和贫困人口的概念界定有着不同的理解，因此，政府在实施以收入为主要衡量标准的精准识别活动时，重视发挥民主评议的优势，发动村民参与到精准识别的核查程序中来。为此，璞岭村创立了"一看二算三会四评"精准识别程序。

"一看"，即入户实地看、实地察。精准识别工作组在入户过程中，不漏一户，对有争议的农户和重点户，组织工作组多次进入璞岭村进行重点核查。例如，璞岭村2014年有建档立卡户242户719人，通过工作组精准核查，核定璞岭村2015年贫困人口为227户712人。"二算"，即听户主自己算、驻村干部帮忙算。在识别过程中，有很多农民认为没有现金就等于没有收入，因此未将自产自用的粮食、农副产品、打工收入等折算成收入。这种观念上的不一致，导致农户自评收入与驻村干部估算收入存在差异。为此，璞岭村贫困户精准识别过程中，驻村干部通过引导群众采用收支分开、支出倒算的方法，把收入支出算尽算准。"三会"，即召开屋场会、党员代表会、群众代表会。璞岭村精准识别工作全过程注重干群的思想统一，通过多种民主会议形成共识，凝聚人心。调查组在该村召开屋场会28次、党员代表会4次、群众代表会22次[①]。"四评"，即周边群众评、党员代表评、村组干部评和村民代表评。对于有争议的精准识别具体问题，工作组注重发挥村民主体意识，形成民主决策工作机制。在召开的村民代表会议上，村民普遍反映"这次工作搞得实，工作组火眼金睛，算得让人服气"。

璞岭村的精准识别不仅在识别过程中，充分发挥了干部的积极性，也尊重了群众的主体性，多个环节体现了工作方法的科学化、合理化，工作程度的民主化、公正

---

① 据了解，在实施精准识别工作过程中，璞岭村党员、群众对精准扶贫热情很高，信心很足，参与积极。村党支部书记说："现在璞岭村被纳入全县精准扶贫试点，这是上级政府对本村最大的信任，我们不管脱几层皮、流几身汗，都要把工作做好！"

化。而在完成精准识别后，精准识别出来的贫困户信息与贫困数据也得到了较好利用。璞岭村的精准识别涵盖农户基础信息、人口结构、基础设施、生产资料、生活条件、生产发展、社会保障和收入支出等内容，工作组将所有调查信息录入信息平台，进行数据分析处理，从面上准确把握全县贫困区域、农户生产生活条件、致贫原因，并将致贫原因分为九类，建立贫困户管理台账，做到户有表、村有簿、乡有册、县有档。此外，扶贫办利用大数据结果建立贫困户管理台账，把村组贫困户纳入民情通网格化管理，并通过一定形式在一定范围内进行公示，接受人民群众监督。对贫困户的生产生活情况建立动态监测机制，准确掌握贫困户的脱贫情况和干部帮扶情况。

在璞岭村精准识别的成功试点基础上，长阳土家族自治县下发《县委办公室 县政府办公室关于开展精准扶贫大调研活动的通知》（长办文〔2015〕42号），要求自2015年7月21日全县精准扶贫调研工作组和54个乡镇工作组近5000名干部对全县10万余户31万多人的个人信息、家庭情况、经济状况进行全面调查、重点核查。总体而言，璞岭村的"四看四算"精准识别办法和"一看二算三会四评"精准识别程序试点实践，奠定了整个长阳土家族自治县的精准扶贫精准识别模式。在此基础上，长阳土家族自治县县委、县政府确定了该县贫困户识别的客观标准与特殊情况处理办法（见表2-2）。

表 2-2　长阳土家族自治县精准识别贫困户标准

情形	标准
应纳入 贫困户	（1）家庭主要劳动力死亡且子女未成年的农户； （2）不符合五保条件而无收入来源的鳏寡孤独农户； （3）家庭主要劳动力长期生病或患重大疾病不能从事基本劳动的农户； （4）有二级以上（含二级）残疾人且丧失劳动能力的农户； （5）住房简陋危损且收入微薄的农户； （6）有多个子女上学造成家庭负担重且收入不稳定的农户； （7）自然灾害、突发事件及其他原因造成家庭特别困难的农户
同等条件下 优先纳入贫 困户	（1）有重大疾病（包括智障）患者的家庭； （2）一户多残的家庭； （3）遭受重大灾害的家庭； （4）复退军人家庭； （5）计划生育手术并发症患者家庭； （6）单亲家庭
不应纳入 贫困户	（1）家有公职人员的（不论在职或退休）； （2）参加大额商业性保险或享受企业养老保险的家庭； （3）在外打工且收入稳定可观的家庭； （4）家有轿车家庭； （5）有实体的老板家庭； （6）有"洋楼"或商品房家庭； （7）子女家境良好、有赡养能力，而老人单独生活的老年家庭； （8）好逸恶劳的家庭； （9）有赌博行为的家庭
特殊情形的 处理	（1）对符合条件的低保户、五保户必须纳入贫困户。对于实际调查过程中发现的家庭总体生活水平明显高于当地平均生活水平的低保对象，暂不纳入贫困户，实行动态管理。 （2）对长期在外打工，无人在家，无法联系，难以核实生产生活收入状况的，在农户调查中暂作一般户普查登记。 （3）对在当地无生产生活资料的空挂户，不予登记。 （4）对于户籍所在地与生产生活所在地分离的农户，原则上以户籍所在地登记识别。其中因婚嫁、搬迁造成户籍所在地与生产生活所在地分离的农户，在生产生活所在地登记识别。 （5）对于在本次调查过程中出现的其他特殊情况，由村民代表大会决定

资料来源：中共长阳土家族自治县县委办公室、长阳土家族自治县人民政府办公室：《县委办公室 县政府办公室关于进一步做好建档立卡贫困户精准识别工作的通知》，2015 年 8 月 5 日。

第二节　璞岭村精准扶贫的"1156"模式

在实施精准扶贫之前，长阳土家族自治县采取的是整村推进扶贫模式。2015年4月，长阳土家族自治县县委办公室和县政府办公室发布《深入实施整村推进"1321"帮扶工程的通知》[①]，指出整村推进"1321"帮扶工程是长阳土家族自治县新一轮扶贫开发工作的重要举措。《通知》规定，整村推进涉及产业化扶贫、扶贫搬迁、劳动力转移培训、社会帮扶等扶贫开发多方面的工作，是扶贫开发的一个综合平台和有效载体，是推动全县重点贫困村发展的重要抓手。

一　"1156"模式的具体内容

在延续整村推进"1321"帮扶模式的基础上，基于前期璞岭村精准识别试点和对全县范围的精准识别摸底调查，长阳土家族自治县确定了对贫困村精准扶贫的"1156"模式。"1156"模式作为长阳土家族自治县整合多方资源、发挥扶贫行动主体多方协作的精准扶贫模式，将精准扶贫的"五个一批"理念和基层党建充分结合起来，能够较为全面地对贫困村、贫困人口实行多维度多层次的救助与帮扶，体现了扶贫资源整合

[①] 实施整村推进"1321"帮扶模式，是指由1名县级领导带领3个以上部门，连续2年帮扶1个整村推进村。

与扶贫措施执行的组织化，也体现了精准扶贫消除贫困户多维反贫的理念，对贫困村和贫困户形成可持续的生计具有重要的现实意义。"1156"模式的具体内容如下。

（一）建强一个农村党组织

具体实践内容包括：一是"一亮三创"强基础。深入推进以"亮党员身份，创党员文明户、创党员中心户、创党员示范户"为主要内容的农村党员"一亮三创"工作，引导万名农村党员立足生产生活联系服务10万农户。二是"三联一转"强作风。最大程度地调动各方面的积极性、主动性和创造性，增强干群感情，办实事惠民生。三是跟踪问题抓落实。进一步建立和完善约束机制，强化军令状的强制力、工作中的执行力和制度建设的约束力，加强对精准扶贫各项工作的督办追责力度，坚决整治"四风"。

（二）筑牢一个政策底线

具体实践内容包括：严格按照程序将符合农村低保、五保条件的贫困家庭和人口全部纳入社会救助范围，充分发挥社会保障制度在精准扶贫中的兜底保障作用。

（三）织密产业发展"五张网"

具体实践内容包括：一是筑牢项目资金统筹网。坚持"整合资金办大事"，推进特色农业基地"五个一"

工程建设。二是筑牢龙头企业带动网。开展"提质进竞、提速进位，抓主体、抓争取"活动，积极培育壮大市场主体。三是筑牢合作组织互助网。发展农民专业合作组织，实施"银社对接"工程，对贫困户发展产业贷款实行无担保、免抵押、贴息贷款。四是筑牢示范大户帮扶网。开展"示范大户创建创业"活动，大力发展庄园经济和各类合作组织。五是筑牢实用科技培训网。实施"一户一个明白人"工程，开展实用技术、劳务技能培训，实现"培训一人，脱贫一户，带动一方"的效果。

（四）实施精准扶贫"六个到户"

具体实践内容包括：一是"互联网+"进农户。推进电商扶贫项目，在每个村培训3~5个电商带头人。二是金融扶贫进农户。县政府设立风险补偿基金1000万元，贷款规模达到1亿元，由政府贴息鼓励专业合作社发展，努力实现"131"目标[①]。三是技术服务进农户。开展就业扶贫培训工程，对有就业能力和就业愿望的贫困户实行就业扶贫，在每个村聘请一名产业指导员。四是精神文明进农户。大力开展"十星级文明户（家庭）"创建活动。五是法治建设进农户。积极为务工人员开展法律援助、矛盾纠纷排查化解工作。六是党员帮扶进农户。采取"党员示范户＋贫困户"、"党员中心户＋贫困

---

① 即全县农民专业合作社超过1000家，带动3000个贫困户、1万多名贫困群众脱贫。

户"和"党员致富能人 + 贫困户"的"一对一"或"一对多"的"一户一策"的帮带模式,由农村党员帮扶贫困户制订脱贫计划,帮助争取政策和进行产业技术指导等。

分析发现,在璞岭村实践的"1156"模式,在多维扶贫中突出了产业发展脱贫致富的主题。作为对精准扶贫"五个一批"的创新,"1156"模式的扶贫实践尤其重视基层党组织和党员同志在产业发展方面的模范带头作用。这种模范带头作用,一方面体现在从确立党员帮助贫困户制定扶贫计划到提供产业发展技术指导;另一方面体现在从生活家风示范到产业致富带动。基层党组织通过组织化的引领和示范,增强了贫困户参与扶贫产业发展的组织化程度,从而有助于贫困村壮大合作经济组织和集体经济,形成规模化的产业发展态势。贫困村和贫困户的自我发展能力也可以逐步从上述组织化、规模化的产业发展中得到提升。

二 璞岭村落实"1156"模式的组织框架

在"1156"模式的指导下,璞岭村被县委、县政府定位为边界贫困村,并作为精准扶贫重点村进行扶持,村干部将此形容为"百年难遇的好机会"。为系统推进璞岭村的精准扶贫工作,该村在建好脱贫攻坚工作机制方面做了三项实践。第一,明确精准扶贫帮扶责任主体。县委书记牵头率先建立起责任清晰的扶贫攻坚工作队伍。根据《关于组派扶贫攻坚驻村工作队、选派驻村工作"第一书记"的通知》的安排，璞岭村的联村领导为县委书记，驻村单位为县扶贫办，第一书记由县扶贫办副主任担任①。联村领导、镇党委书记和第一书记共同组成了专班联系小组。第二，建立日常驻村帮扶工作机制。璞岭村设立了村扶贫攻坚"作战室"，成立由第一书记任第一指挥长，村支书任指挥长，村"两委"班子、组长、示范户、党员代表和村民代表为成员的扶贫攻坚指挥部，下设一个办公室和产业发展、基础设施建设、社会事业发展、金融扶贫四个攻坚组，形成分工明确、责任清晰的精准扶贫日常工作机制（见图2-1）。第三，形成村、组、户三级联动工作体系。璞岭村在县扶贫办的指导下，制定了"作战图"和四张规划挂图（基础设施规划图、药材规划图、茶叶规划图、林果规划图），实现任务上肩、责任到人、横向到边、纵向到底，形成村、组、户"三级联动"工作体系，真正做到一级抓一级，层层抓落实。

---

① 为认真贯彻落实党中央和省、市精准扶贫精准脱贫的战略部署，打赢扶贫攻坚战，长阳土家族自治县研究决定向全县154个村组派扶贫攻坚驻村工作队。除国家、市直派驻的9个扶贫攻坚驻村工作队外，组派100个县直扶贫攻坚驻村工作队，余下45个没有派驻市、县工作队的行政村由所在乡镇负责组建驻村工作队。为进一步加强对扶贫攻坚驻村工作的领导，11名县委常委分别联系11个乡镇，31名县级领导分别联系31个村，并确定10个县直单位为片长单位，选派10名正科级干部或班子成员任片长，同时从县直单位和乡镇选派145名党员干部任驻村"第一书记"。为进一步整合力量，全县新农村建设和"三万"活动驻村安排与本次扶贫攻坚工作队驻村安排一致，不再重复组派。同时为保证工作的连续性，到2018年脱贫任务完成前，扶贫攻坚工作队驻村安排原则上不再变动。

```
                    ┌─────────────────────────────────┐
                    │ 县级联村领导：县委书记赵吉雄        │
                    └─────────────────────────────────┘
                    ┌─────────────────────────────────┐
                    │ 镇联村领导：镇党委书记王锐          │
                    └─────────────────────────────────┘
                    ┌─────────────────────────────────┐
                    │ 联村单位：县扶贫办                  │
                    └─────────────────────────────────┘
                    ┌─────────────────────────────────┐
                    │ 驻村工作队：杨青、金克勤、李小强     │
                    └─────────────────────────────────┘
                    ┌─────────────────────────────────┐
                    │ 联村干部：覃东升                   │
                    └─────────────────────────────────┘
              ┌───────────────────┐   ┌───────────────────┐
              │ 第一指挥长：杨青    │   │ 指挥长：王朝东      │
              └───────────────────┘   └───────────────────┘
```

| 成员：吴家双 | 成员：陈艳丽 | 成员：聂彦勋 | 成员：吕志芬 | 成员：张世能 | 成员：李小强 |

基础设施建设攻坚组	产业发展攻坚组	社会事业发展攻坚组	金融扶贫攻坚组
吴家双 陈艳丽 聂彦勋 张世能 吕志芬	陈艳丽 聂彦勋	吴加双 聂彦勋 余清华 张世能 吕志芬	陈艳丽 聂彦勋 张世能 吴家双

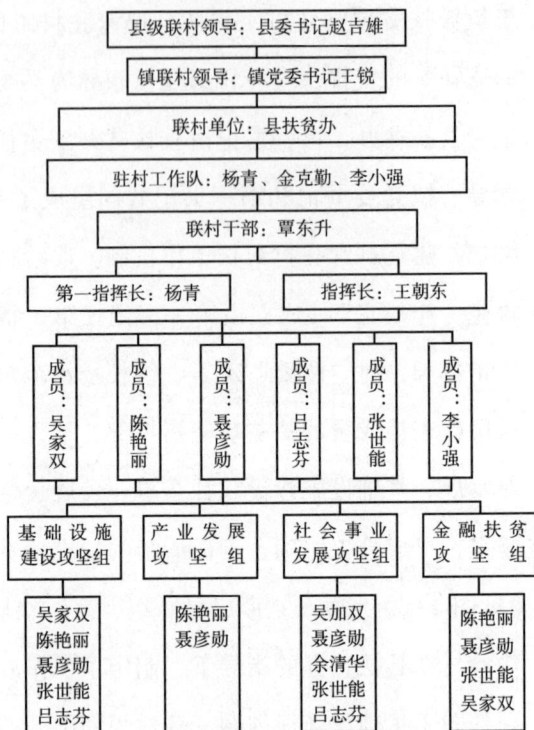

图 2-1　璞岭村脱贫攻坚指挥网络

第三节　璞岭村精准扶贫规划

一　精准脱贫规划的思路与目标

为进一步加快都镇湾镇璞岭村脱贫致富奔小康建设步伐，加强基础设施建设，大力发展支柱产业，完善公共服务体系，改善生产生活条件，到 2016 年与全镇同步在全县率先实现脱贫目标，璞岭村制定了《长阳土家族自治县都镇湾璞岭村精准扶贫精准脱贫规划（2015—2017）》。

规划的总体思路是：以富民强村为目标，以项目建设为载体，为完善基础设施为切入点，以发展主导产业为着力点，以增强内生动力为落脚点，深入实施"五大工程"，推进"精品茶叶大村、高山药材名村、宜居宜业新村"建设，呈现"山间循环路、遍地黄金业、庭院农家乐，人均翻两番、生活似城镇，和谐一家亲"的繁荣图景，打造全县精准扶贫精准脱贫示范村。

按照国家《"十三五"脱贫攻坚规划》提出的"到2020年，稳定实现现行标准下农村贫困人口'两不愁、三保障'"的要求，璞岭村将精准脱贫规划目标确定为：通过2015~2017年三年的努力，争取2016年逐步实现自然村（组）道路硬化率100%，公路到户率95%，农网改造率100%，农村饮水到户率100%，一池三改率30%，砖混房比例90%，危房改造率100%。人均特色产业3.5亩以上，主导产业到户率100%。适龄儿童入学率达到100%，高中阶段（包括高中、中专、中技及职业中学）升学率达到90%以上；每千人医生数达到2.8人。新型农村合作医疗保险参合率达到100%，社会养老保险参保率100%，最低生活保障率100%。文化娱乐设施到村组率100%，互联网覆盖率100%，家庭计算机普及率40%，公共环境卫生满意率100%。村集体经济年收入达50万元以上，712名贫困人口如期脱贫；农村经济总收入翻两番，达到3500元；农民家庭人均纯收入翻两番，达到1

万元。

从璞岭村的发展愿景来看，规划思路充分挖掘了璞岭村山区自然资源优势，重点突出了产业发展这一重心，将茶叶、药材作为全村产业扶贫的两个最主要的努力方向。同时，该规划的总体思路中，对全村的农民人均纯收入、基础设施、村庄经济形态、基本公共服务、社会关系等都提出了宏观目标。按照规划，璞岭村2016年基本可以实现全村脱贫"摘帽"。

二 精准脱贫规划的主要内容

《"十三五"脱贫攻坚规划》在产业发展脱贫中提出，立足贫困地区资源禀赋，以市场为导向，充分发挥农民合作组织、龙头企业等市场主体作用，建立健全产业到户到人的精准扶持机制，每个贫困县建成一批脱贫带动能力强的特色产业，每个贫困乡、村形成特色拳头产品，贫困人口劳动技能得到提升，贫困户经营性、财产性收入稳定增加。[1]璞岭村尽管深居高山，但是森林植被资源十分丰富。结合高山区的生态优势，在规划中，璞岭村将产业发展脱贫定位为以发展茶叶、药材、经济林果为主。并确立了"茶叶药材上规模，发展果树扩畜牧，旅游劳务增效益"的产业协同发展脱贫思路。

---

[1] 《国务院关于印发"十三五"脱贫攻坚规划的通知》，国务院网站，2017年8月13日，http://www.gov.cn/zhengce/content/2016-12/02/content_5142197.htm。

（一）构筑产业协同发展脱贫体系

在产业协同发展脱贫规划中，璞岭村首先实施了"四个三千"工程，集约发展种植业。"四个三千"工程是指三年内建成带状分布的"四个三千亩"基地，即三千亩药材、三千亩茶园、三千亩果树、三千亩草场[①]。璞岭村地处高山，气候适宜种植药材。同时，璞岭村在实施精准扶贫以前，就已经有一部分农户尝试发展药材种植业，这也为璞岭村开展规模化的药材种植奠定了基础。璞岭村发展三千亩茶园也是旨在继承已有老茶园的基础上，充分利用好已有的资源禀赋加速推进全村农业发展的规模化。按照规划，预期到 2017 年，全村高效经济作物种植面积可达到 9260 亩。为助推全村产业发展，璞岭村以整合退耕还林政策为契机，规划对全村 25° 以上坡耕地实施退耕还林 1000 亩，将生态保护与产业发展脱贫相结合。

在利用丰富生态资源发展种植业的同时，璞岭村的产业协同发展脱贫措施还包括规模化养殖业。杀年猪、吃"年猪饭"是土家族的过年习俗，农村家庭基本上每年都

---

① 三千亩药材，是指海拔 1000 米以上区域，在现有 336 亩药材面积的基础上，发挥林下药材良性伴作优势，大力扩大种植规模，新发展药材 2924 亩，达到 3260 亩，其中在 1、6 组新发展独活 1100 亩，在 1、2、3、5、6 组新发展贝母 794 亩和天麻 430 亩，在 6 组新发展木瓜 600 亩。三千亩茶园，是指海拔 1000 米以下区域完成高标准、绿色有机茶园 3000 亩的建设目标，在 2、3、4、5、6、7、8 组改造老茶园 734 亩，并新发展精品茶叶园 2266 亩，达到 3000 亩，达到产业区户均 5 亩以上茶叶园。三千亩果树，是指在全村 8 个组改造核桃基地 800 亩，在 2、3、4、5、6、7、8 组新发展核桃 700 亩，在 6、7、8 组新发展良种板栗 1000 亩；对不宜药、茶种植的区域种植特色水果，即在 4、5、7、8 组新发展李子 500 亩。三千亩草场，是指全村发展草场 3000 亩。

会饲养 1~2 头猪用于过年食用，因此绝大多数农村家庭都有散养猪的习惯。而随着精准扶贫措施的实施，长阳土家族自治县期望通过发挥村民自有的劳动技能增收，因而提出了发展规模化养殖的产业脱贫思路，将传统的散养模式转型为规模化养殖模式。璞岭村按照全县的产业发展定位，规划全村养殖业的"双万"目标，预期 2017 年全村年出栏生猪 1 万头，规模发展山羊生态散养 1 万只。同时，璞岭村为将种草业和养殖业实现联动发展，制定了 1 万只山羊的养殖目标，坚持走"以种促养"的新型畜牧发展之路。

旅游扶贫也是璞岭村产业协同发展脱贫体系中的重要组成部分。在全域旅游理念的推动下，璞岭村在制定精准脱贫规划时，将村内自然风光观赏与养生农作物种植纳入全县和全镇的全域旅游发展大局中。按照规划设计，璞岭村将主动融入全镇"生态文化旅游名镇"建设大局，呼应清江画廊核心景区——武落钟离山、麻池古寨和西湾水上游乐中心、崩尖子原始森林探险等景区建设，在适宜地区发展小粒黄玉米、本地老荞麦、璞岭高山冷水红米等传统特色作物 500 亩以上，并适时开发雪山坪、顶坪等休闲避暑度假区。将村内的自然资源和特色作物纳入旅游扶贫中来。此外，璞岭村规划发展农家乐 10 家，以农家乐的经营方式带动村民自主增收。

为延伸茶叶、药材等产业链，提高经济作物的附加值，璞岭村还规划了产业发展脱贫的配套设施。具体包括：第一，增强经济作物加工能力。在 1 组和 6 组各新建种苗繁育基地 200 亩，在 5 组新建年加工能力 250 吨的干茶加工厂，在 1 组、6 组新建烘焙药材的炕房 3 个，在 8 组新建标准化冷藏库一座。第二，提升经济作物经营流通能力。积极扶持发展龙头企业，大力培育经纪人、营销大户，提高农产品商品率，走农业产业化经营之路。第三，增强村民农业发展融资能力。规划申报建立"三农"金融服务点，设立扶贫担保基金。开展扶贫小额贷款，缓解村民产业发展资金短板的问题，打造全县金融扶贫示范村。

（二）完善产业基础设施建设

为破解多年来交通制约农产品和畜产品流通难题，璞岭村在规划交通基础设施建设中十分强调服务产业发展的建设理念。具体的规划包括：第一，优化产业基地路网。一是升级改造进村大通道麻池至璞岭的道路 9.7 公里；二是硬化村内主线路、产业基地公路 10 条，共 36.7 公里；三是新修 4 条村组道路 6.5 公里和 5 座人行桥，实现组组通公路；四是维修产业基地公路 22.5 公里，达到出行方便，公路入户率达到 100%。第二，提升电网稳定供电水平。规划期内计划改造升级电力台区 10 个，1、5、8 组新增 4 个台区，彻底解决全村村民生活用电和产业发展用电问题。第三，改善土地质量。规划全村于 2016 年启动6000 亩土地整治项目，实施综合农业开发 4000 亩，重点开发基本农田保护，低产田改造，机耕道建设，药、茶产业区基础排灌等项目，实施高标准产业示范基地喷灌设施建设。第四，推动统一规划的村庄建设。规划在 8 组集中区域实施统一规划的村庄建设，兴建集中居住点，配合村内休闲度假项目积极打造璞岭至麻池民营经济走廊。

（三）提升产业发展人力资本积累

个体的发展能力取决于其受教育水平和人力资本积累水平。在实施产业发展脱贫政策的背景下，农村贫困人口参与扶贫产业发展的能力要求也逐步提高。因此，在注重产业脱贫项目投入和基础设施建设的同时，提升贫困人口与本地产业发展相适应的劳动技能和产业参与能力则是各个地方政府落实精准扶贫政策的重要工作内容。茶叶、药材的种植和加工都要求劳动者具备现代化的专业理论知识和实践技能，才能实现茶叶与药材的深加工。因此，在璞岭村的规划中，一方面，大力实施"助学启智"帮扶工程，通过"雨露计划"完成农村"两后生"就业培训，资助义务教育、高中、大学贫困学生，围绕药材、茶叶、果木、畜牧等产业开展实用技术培训；另一方面，在精准扶贫项目中组织劳动技能培训，提升村内贫困户科学种植茶叶药材的能力。此外，积极引导鼓励本村村民回流回乡创业，通过致富能手示范带动产业集约发展。以"示范带动，科技推动，补助促进"的方式，实现"劳务技能化"的目标，建立农民增收长效机制。

（四）推动社会事业发展

社会社会事业发展，提升农村基本公共服务供给水平是精准脱贫"五个一批"中的重要组成部分。从发展能力的提升和抵御风险能力的增强来看，推动社会事业发展也是贫困人口形成可持续生计的重要兜底保障。从精准扶贫精准脱贫政策布局来看，产业发展脱贫可以在一定周期内实现贫困人口可支配收入的增加，而社会事业的发展则可以解决贫困人口对基本公共服务的可及性差的难题。社会事业发展与产业发展脱贫就像是人的"两条腿"，二者的协调发展，才能真正使贫困家庭和贫困人口步入良性脱贫的轨道。而实际上，地处深山的璞岭村村民，尤其是贫困家庭对基本公共服务的需求更为迫切。按照璞岭村规划，在医疗方面，计划新建标准化卫生室，配齐配强医生，持续实施大病救助。在广电通信方面，新建移动通信基站2座，村村响12处，户户通600套，电信宽带进村入户。在公共服务中心方面，新建460平方米的党员群众服务中心，同时新建500平方米以上的文体广场1个，配套安置体育健身器材、农家书屋等，推崇文明健康的生活方式，丰富村民的文化生活，加强精神文明建设。同时，发挥文化广场的农业综合服务功能，成为农产品筛选、初加工、仓储、销售的集散地，真正发挥办公活动场所"办事服务中心、培训活动中心、文化娱乐中心、卫生保健中心、产品集散中心"等各项功能作用。在商贸方面，发展农家超市，建立日用消费服务网点，建设小型综合农家超市5个，构建起村内最基本的日用消费品流通网络。在安全饮水方面，采取"项目扶持、管网到组、群众出资、自愿入户"的办法，分户建池22个，在2016年实现户户通自来水、安全水目标。在能源使用方面，在全村4个组实施"一池三改"100 户，保障 30% 的村民用上清洁能源。在民居改造方面，规划期内计划实施危房改造 226 户，扶贫搬迁 6 户、茅草房改造 21 户，土坯危房改造 173 户，全面改善 446 户居住条件。同时，基于发展乡村旅游的愿景，规划还提出新建民房从严执行"土家族特色"设计，大力推进"房屋改造"工程，引导散居农户集中建房。

（五）强化基层党组织与集体经济的引领示范作用

党组织在精准扶贫精准脱贫中发挥先锋引领和示范带动作用是中国特色反贫困的中国经验，组织化程度高、服务能力强的党组织和党员作为农村反贫困主体之一，以自身优势带动了扶贫资源的有效配置，实现了扶贫资金、扶贫项目的实施更加组织化、高效化，这一优势能够很好地促成产业扶贫中的规模化目标的实现，同时也有利于扶贫、扶智和扶志的实现。璞岭村在精准脱贫规划中也特别强调了发挥基层党组织的引领带动作用。具体规划内容包括：第一，基于产业发展建设新型农村党组织。以产业合作社、公益事业协会等农村新型经济组织、社会组织等群众自治组织为支点，打破纯地域设置模式，积极探索建立"功能组织＋党支部"新型山区农村特色党建新模式。第二，提高党员队伍能力建设。按照"政治坚定、文化较高、能闯善干、团结协调、结构合理"和"双带能力强"的原则，加强"两委"班子和党员队伍建设，尤其是突破性地抓好村级后备队伍建设、乡土人才队伍建设和以入党积极分子、年轻党员培养为重点的党员发展工作。扎实开展无职党员

"设岗创星"活动和流动党员管理及"回归工程",充分发挥党员的先锋模范作用。第三,培育集体经济。依托村集体林地开发、经济合作社和农产品龙头企业参股、招商引资发展旅游服务业等措施,鼓励有条件的农民发展家庭农场 5 个,引导特色产业走规模发展、集约经营之路。

在执行《长阳土家族自治县都镇湾璞岭村精准扶贫精准脱贫规划(2015—2017)》的基础上,璞岭村根据扶贫资金的实际拨付情况,制定了 2017 年全村脱贫攻坚奔小康的规划。通过深入调查研究、多轮协商讨论,最终确定璞岭村 2017 年实施四大项目 32 个子项目,其中产业发展项目 11 个(见表 2-3),基础设施建设项目 6 个,社会事业发展项目 11 个,金融扶贫项目 4 个。

表 2-3　2017 年璞岭村脱贫攻坚产业发展规划

产业类型	产业内容	资金筹集总量	农户自筹比例	覆盖贫困户情况
茶叶基地	新建基地 1000 亩	总投资 150 万元(项目资金 75 万元、农户自筹 75 万元)	50%	141 户 382 人
茶叶培管	修剪培管 2015 年以来发展的新老茶园 2818 亩	总投资 50 万元(项目资金 35 万元、驻村单位帮扶 10 万元、农户自筹 5 万元)	10%	124 户 409 人
中药材	新建基地 3400 亩,其中,贝母 700 亩,独活 1000 亩,天麻 200 亩,玄参 200 亩,重楼、白芨 100 亩,杜仲、黄柏、厚朴 500 亩,药用牡丹 500 亩,红花玉兰 200 亩	总投资 400 万元(部门资金 20 万元、驻村单位帮扶 10 万元、农户自筹 370 万元)	92.5%	164 户 541 人
林果培管	培管核桃 600 亩、板栗 1500 亩、水果 500 亩	农户自筹 5 万元	100%	138 户 455 人

产业类型	产业内容	资金筹集总量	农户自筹比例	覆盖贫困户情况
生猪	新出栏 8000 头	总投资 800 万元（农户自筹 795 万、财政扶贫资金 5 万元）	99.4%	189 户 623 人
山羊	新出栏 3000 只	总投资 60 万元（农户自筹 55 万元、财政扶贫资金 5 万元）	91.7%	102 户 336 人
夷陵黄牛	新出栏 300 头	总投资 60 万元（农户自筹 55 万元、部门资金 5 万元）	91.7%	39 户 129 人
山鸡	新出笼 5000 羽	农户自筹 10 万元	100%	115 户 379 人
中蜂	新发展 300 笼	农户自筹 3 万元	100%	15 户 50 人
茶叶加工厂	新建 1500 平方米茶叶加工厂 1 家（年产干茶 200 吨、产值 2000 万元）	总投资 300 万元（廪君茶叶投资 180 万元、部门资金 100 万元、财政扶贫资金 20 万元）	0	
精准扶持到户	对 2017 年脱贫销号的 158 户因户精准施策	总投资 23.7 万元，全部为财政扶贫资金	0	158 户

资料来源：精准扶贫精准脱贫百村调研璞岭村调研。

此外，还规划开展茶叶、中药材技术培训 1 场，开展养殖技术培训 1 场，培育科技中心户 20 户，总投资 2500 元，来源为财政扶贫资金。由驻村单位帮扶投资 5 万元建设电商服务站，配套设施设备，建立黄心土豆供应基地，培养电商扶贫示范户 5 户。

在产业发展规划中，农户需要自筹的产业发展资金占比较高，这虽然能够调动贫困户参与扶贫产业发展的责任心，但是贫困户往往也较难承担得起大额的自筹资金。在所规划的各类产业项目中，仅有茶叶产业需要农户自筹资金的比例最低，其余发展中药材、林果、养殖业等则需要较高比例的农户自筹资金，农户自筹资金在总投资中普遍占到了 90% 以上。

在基础设施建设方面，规划交通项目 1 个，安全饮水项目 1 个，电力设施项目 1 个，国土整治项目 1 个，人居环境改造项目 2 个，共 6 个。具体内容如下：规划硬化产业基地公路 3 公里，总投资 90 万元，其中交运专项资金 75 万元，村级自筹 15 万元。国土专项资金 1250 万元用于土地整治 5000 亩，硬化公路 16.5 公里，建设挡土墙、沟渠。在 1、2、3、4、7、8 组架设供水主管网 3 万米、支管网 15 万米，建设水池 300 立方米及配套设施，解决 1550 人安全饮水问题。总投资 100 万元，来源为水利专项资金、财政农发水利专项资金。由电力专项资金出资 900 万元对 4 个台区扩容升级，使全村达到 13 个台区。国家易地扶贫搬迁专项资金 963.3 万元用于建设集中安置点 1 个，安置 25 户 85 人，分散安置 22 户 84 人。危房改造专项资金 33.6 万元用于修缮加固危房 30 户，拆除危房并新建 3 户。

在社会事业发展项目方面，规划医疗卫生项目 1 个，教育助学项目 2 个，通信网络项目 2 个，阵地建设项目 1 个，村庄建设项目 2 个，光伏发电项目 1 个，共 9 个。具体如下：申请"大病关爱壹佰基金"1.5 万元，救助癌症患者 3 人。申请 3.9 万元用于资助贫困户中职高职学生 13 人。利用 5 万元助学启智工程专项资金资助贫困户大学生 6 人。申请移动公司 400 万元专项资金用于村内接入光纤和为 100 户安装宽带。申请专项资金 100 万元新建通信铁塔 1 个。申请在 8 组新建党群服务中心及村卫生室，建筑面积 480 平方米，其中村卫生室 160 平方米。总投资 100 万元，其中整合组织部、卫计局部门资金 80 万元，驻村单位帮扶 20 万元。整合民宗、环保、文体新广部门资金 30 万元，在 8 组改造文体广场 700 平方米，新建公共厕所 1 处、垃圾箱 6 个及配套设施。由部门资金投资 1 万元组织送戏下乡 1 场。由国家电网公司出资 200 万元专项资金在荒田湾新建占地 8 亩 200 万千瓦光伏电站一座，用于建设壮大村集体经济。

在金融扶贫方面，规划项目 4 个，具体包括：第一，支持龙头企业廪君茶叶生态科技公司贴息贷款 200 万元；第二，支持璞岭药材林下种植专业合作社、大山药材专业合作社、永兴生态牧业专业合作社 3 家合作社贴息贷款 130 万元；第三，支持 7 个能人大户贴息贷款 60 万元；第四，支持贫困户 130 户小额贴息贷款 200 万元。

第四节　璞岭村精准脱贫标准

习近平总书记指出，到 2020 年我国现行标准下农村贫困人口实现脱贫是我们党的庄严承诺。脱贫标准除了是一种政治上的愿景规划，也是基于经济学、社会学视角设定的满足新时代社会成员基本生活需要的科学标准。按照 2016 年国务院印发的《"十三五"脱贫攻坚规划》，全国要在 2020 年稳定实现现行标准下农村贫困人口不愁吃、不愁穿，义务教育、基本医疗和住房安全有保障（"两不愁、三保障"）。贫困地区农民人均可支配收入比 2010 年翻一番以上，增长幅度高于全国平均水平，基本公共服务主要领域指标接近全国平均水平。确保我国现行标准下农村贫困人口实现脱贫，贫困县全部"摘帽"，解决区域性整体贫困。[①] 具体来说，贫困人口的脱贫标准是贫困户有稳定收入来源，人均可支配收入稳定超过国家扶贫标准，实现"两不愁、三保障"。而贫困村脱贫标准是村内基础设施、基本公共服务设施和人居环境明显改善，基本农田和农田水利等设施水平明显提高，特色产业基本形成，集体经济有一定规模，社区管理能力不断增强。

按照《"十三五"脱贫攻坚规划》，长阳土家族自治县因地制宜地制定了具体的贫困村脱贫"摘帽"、贫困户脱贫销号的考核标准。

一　贫困村脱贫"摘帽"标准

长阳土家族自治县设计了计分制的贫困村脱贫考核标准。按照 100 分计算，达到 90 分以上即为脱贫。具体的标准包括：一是村内建档立卡农户贫困人口全部脱贫（不含当年返贫人口）；二是居民人均可支配收入达到全县平均水平 70% 以上（依照统计年报数据）；三是有较为稳定的主导产业，村集体经济收入达到 5 万元以上；四是有较为完善的基础设施，有健全的便民服务中心，有卫生文化服务功能，有

---

① 《国务院关于印发"十三五"脱贫攻坚规划的通知》，国务院网站，2017 年 8 月 13 日，http://www.gov.cn/zhengce/content/2016-12/02/content_5142197.htm。

硬化的通村公路，有入户的安全饮水，有安全的农村电网，有入户的广电通信光纤电缆，有清洁的生活能源；五是基本公共服务主要指标接近全县平均水平；六是建档立卡贫困户有安全住房，易地扶贫搬迁对象全部搬迁，搬迁政策得到落实；七是基层组织功能健全，村"两委"班子团结，能较好地发挥作用，按时完成各项工作任务。有较为完善的村规民约，村风民风良好。在精准扶贫帮扶工作中，璞岭村将村脱贫摘帽标准简化为"三建"（建优产业基地、建强基层组织、建好经济合作组织）、"四改"（改路、改水、改电、改房）、"五配套"（阵地、卫生室、文化广场、集中安置小区、网络），使干部群众能够对贫困村脱贫标准了然于心。

除了如表2-4所示的正向验收指标外，贫困村脱贫"摘帽"的考核方法中还有10个"一票否决"事项，具体包括：无主导产业、道路未硬化、饮水不安全、未完成易地扶贫搬迁任务、村卫生室不达标、村委会无房或危房、年集体经济收入未达到5万元（要有协议、进账单等原始凭证）、贫困发生率高于2%、档案资料不完善、满意度低于85%。[①]

从"九有"标准来看，贫困村要实现的不仅仅是消除区域贫困和绝对贫困问题，通过主导产业、集体经济、社会治理主体及其参与能力的培育，更是直接为村庄全面建成小康社会和推进乡村振兴战略奠定坚实基础。"九有"贫困村出列销号脱贫标准的提出，有助于璞岭村实现高质量的脱贫而非简单实现"收入脱贫"，也有助于全村发展

---

① 长阳土家族自治县扶贫攻坚办公室：《关于全县2017年贫困村精准扶贫精准脱贫攻坚规划》，2017年3月。

能力和组织化水平的提升。这些都为璞岭村由精准扶贫精准脱贫转向乡村振兴打下了良好的基础。

表2-4　2017年长阳土家族自治县贫困村出列验收"九有"标准

考核指标	具体标准
有主导产业	有较为稳定的主导产业，种植业和养殖业发展均达到一定规模；有龙头企业或专业合作社带动发展；有鼓励发展产业的政策措施；贫困户参与主导产业发展达到一定比例
有硬化的通村公路	通村公路硬化到村委会，100人以上居住集中区通水泥路；村组通砂石路；村级主干道危险路段有安保措施；有通村客车
有入户的安全饮水	有集中安全饮水设施；建立有长效的管护机制；分散偏远户有分散建立水池
有村庄环境整治成效	在湖北省村庄整治中达标；有入户的清洁能源，其中沼气建设农户达到一定比例；实现电视综合全覆盖；实现农网升级改造，全村电压稳定，无不通电农户，现有村组通三相电，无木头电杆；村级通光纤，其中贫困户光纤入户达到一定比例，开展精准扶贫网格化管理；完成易地扶贫搬迁任务，集中安置点建成验收，危险改造任务完成
有保障兜底的措施	实现新农合、新农保全覆盖；有指定的学前教育场所；有贫困户健康管理档案；村卫生室按"五化"（产权公有化、建设标准化、业务规范化、运行信息化、管理一体化）标准建立
有坚强的基层组织	村级组织健全，村党组织不是后进党支部；有群众服务中心；有文化活动阵地与服务；村级党务政务公开；有金融精准扶贫工作站；有较为完善的村规民约
有集体收入	有集体经营项目，年集体经济收入达到5万元以上
有减贫成效	有驻村工作队；有分年度脱贫花名册；有脱贫工作措施，有具体的帮扶内容；村级按程序组织实施贫困户脱贫销号，资料齐全；贫困发生率低于2%
有脱贫验收档案	制定有村出列、户脱贫销号的考核验收办法；村级精准扶贫档案达标；有脱贫验收资料；进行公示公告；县、乡镇组织验收

资料来源：精准扶贫精准脱贫百村调研璞岭村调研。

二　贫困户脱贫销号标准

相比而言，璞岭村贫困户的脱贫标准要比国家规定的标准更高。概括而言，璞岭村贫困户脱贫销号的标准是"一有""两不愁""四保障"。

"一有"具体是指有稳定收入。有劳动能力的贫困户有一项以上增收致富主导产业，掌握一门以上就业创业技能，年人均可支配收入增幅高于全县农村居民人均可支配收入平均增幅，收入水平超过同期国家扶贫标准（年人均可支配收入 4000 元以上）；符合农村低保、五保供养条件的无劳动能力贫困人口全部纳入供养保障范围，保障水平超过同期国家确定的扶贫标准；符合条件的享受扶贫小额贷款政策。

"两不愁"具体是指"不愁吃"和"不愁穿"。其中，"不愁吃"具体表现为：有主粮，有蔬菜、肉或蛋类，有干净的饮用水，有正常的生活用电及燃料，一日三餐有保障。"不愁穿"具体表现为：有四季必需的换洗衣服，有床被，有家具。

"四保障"是指"教育保障""住房保障""基本医疗保障""养老保障"。其中，"教育保障"是指贫困户子女无因贫辍学现象发生。"住房保障"是指人均拥有 25 平方米以上的安全保障房，危房改造及易地扶贫搬迁等相关政策落实到位。"基本医疗保障"是指符合参合条件的家庭成员全部参加新型农村合作医疗，有重大疾病的家庭成员能享受大病救助政策。"养老保障"是指符合参保条件并有参保意愿的家庭成员全部参加城乡居民基本养老保险。

除了上述正向考核指标外，贫困户脱贫销号还要面临 6 个"一票否决"事项指标的考核。"一票否决"具体指标包括：收入未达到脱贫标准（绝对确保 2017 年脱贫销号的贫困户收入测算达到每人年 4000 元以上）、饮水不安全、义务教育阶段辍学、无大病保险、无房或危房、户村均不认可脱贫销号。①

① 长阳土家族自治县扶贫攻坚办公室：《关于全县 2017 年贫困村精准扶贫精准脱贫攻坚规划》，2017 年 3 月。

结合山区留守老年人养老问题突出的情况，长阳土家族自治县在"三保障"的基础上新增了"养老保障"，从而扩展为"四保障"。将"养老保障"列入脱贫考核标准，体现了从生命全周期视角为农村贫困家庭提供保障的思路，这一点也与山区老年人贫困发生率高的实情相符合。将"养老保障"列入贫困户脱贫考核指标，不仅可以帮助其强化社会保险理念，也可以引导贫困户为自身的老年生活创造一个稳定的安全预期。

璞岭村将精准扶贫启动时间定为 2015 年，2016 年计划为整体脱贫，2017 年以后进入巩固提高奔小康阶段。具体来看，璞岭村的脱贫目标是：2015 年下半年脱贫销号 49 户；2016 年上半年脱贫销号 67 户；2016 年下半年脱贫销号 111 户；到 2016 年底，实现"全面脱贫、全面销号"。各村民小组的具体脱贫进度时间见表 2-5。

表 2-5　都镇湾镇璞岭村精准脱贫时间

单位：户，人

组别	户数	人数	2015 年		2016 年		2017 年	
			户数	人数	户数	人数	户数	人数
1	41	122	1	4	9	21	31	97
2	29	100	1	3	6	20	22	77
3	26	57	2	6	5	13	19	38
4	17	53	0	0	4	10	13	43
5	22	78	3	11	8	28	11	39
6	34	100	2	3	6	19	26	78
7	29	86	0	0	21	66	8	20
8	21	69	0	0	4	14	17	55
合计	217	661	9	27	50	145	160	493

资料来源：中共都镇湾镇璞岭村支部委员会、璞岭村村民委员会：《都镇湾镇璞岭村 2017 年脱贫攻坚作战手册》，2017 年 3 月 8 日。

三 脱贫验收程序

（一）贫困村脱贫程序

每年末，由乡镇人民政府组建工作专班，村"两委"干部、驻村工作队员参加，按照贫困村脱贫标准，逐步评估脱贫情况，填写《长阳土家族自治县贫困村精准脱贫评估验收表》，经村民代表大会民主评议后，形成脱贫贫困村初步名册并公示，公示无异议后，将自查报告及脱贫贫困村初步名册上报县人民政府，同时抄送县扶贫攻坚办。县人民政府组织专班对乡镇初核后的出列村进行复核验收。贫困村脱贫验收复核面必须达到100%，复核验收结果由同级媒体进行公示。县扶贫攻坚领导小组根据县人民政府复核验收情况，聘请第三方机构对出列村按标准进行核查。第三方机构核查面必须达到100%。在此基础上，省、市人民政府和省、市第三方机构对脱贫贫困村进行抽样核查。抽样核查结果由同级媒体进行公示。最后，在县扶贫办指导下，乡镇人民政府组织人员，根据脱贫贫困村核定名册，在全国扶贫开发信息管理系统中对脱贫贫困村数据进行更新、脱贫销号。

（二）贫困户脱贫程序

每年末，在乡镇人民政府指导下，村"两委"及驻村工作队按照农村贫困人口脱贫标准，逐户评估脱贫情况，填写《长阳土家族自治县贫困户精准脱贫评估验收表》，经村民代表大会民主评议后，形成本村脱贫人口初步名册，在本村范围内公示并上报乡镇人民政府。乡镇将脱贫人口初选名单审核汇总后，将自查报告及脱贫人口初步名册报县人民政府，并抄送县扶贫攻坚办。县人民政府组织专班对乡镇核查后的脱贫人口进行复核验收。重点贫困村脱贫人口复核验收面，不低于30%，贫困村按上级要求进行抽查验收。复核验收逻辑结果由同级媒体进行公告。在此基础上，县扶贫攻坚领导小组根据复核验收的报告和初核名册，聘请第三方机构对脱贫人口按标准进行核查。重点贫困村脱贫人口核查面要达到30%以上。贫困村脱贫人口核查面按第三方机构的统计调查方法，达到上级规定要求。通过入户调查、脱贫人口自评、脱贫人口参与评议等方式充分体现贫困群众脱贫认可度。在完成上述步骤后，省、市人民政府和省、市第三方机构对脱贫贫困村进行抽样核查。抽样核查结果由同级媒体进行公告。最后，在县扶贫部门指导下，乡镇人民政府组织人员，根据农村脱贫人口核定名册，在全国扶贫开发信息管理系统中对农村脱贫人口数据进行更新、脱贫销号。

第三章

精准扶贫成效及主观评价

璞岭村作为长阳土家族自治县精准扶贫攻坚重点村，致力于要将本村打造成为全县精准脱贫的示范村。在联村领导和驻村帮扶部门、干部的共同努力下，璞岭村自2015年以来在农村反贫困方面取得了显著成效。璞岭村"两委"在《璞岭村扶贫攻坚战书》中承诺，在全县、全镇精准扶贫精准脱贫决战决胜的大战中，到2016年底与全镇同步在全县率先实现村脱贫、户销号目标，着力将璞岭打造成精品茶叶大村、高山药材名村、宜居宜业新村。[①] 作为全县的典型边界贫困村，璞岭村率先落地实施"1156"扶贫模式，在"1156"扶贫模式下，璞岭村的村庄发展环境得到改善，发展能力有所提高，治理能力和

① 中共都镇湾镇璞岭村支部委员会、璞岭村村民委员会：《长阳土家族自治县都镇湾镇璞岭村精准扶贫精准脱贫工作手册》，2016年3月。

效果有所改善。村民的发展动力和发展能力都有所增强。作为全县精准扶贫精准脱贫示范村，2016 年 10 月，璞岭村被表彰为全市扶贫开发先进集体，成为全市整村推进的经典案例之一。

第一节　璞岭村精准扶贫政策实施效果

按照《长阳土家族自治县都镇湾璞岭村精准扶贫精准脱贫规划（2015—2017）》，璞岭村主要在产业发展、易地搬迁和集中安置、兜底保障、基本公共服务等方面取得了突破性的成效。基础设施、金融扶贫、电商扶贫、技能培训、社会保障兜底扶贫、社会帮扶等共同构建了璞岭村的精准脱贫政策体系，在这一体系中，既包括以财政资金为主要来源的基础设施建设项目和社会事业建设项目，也包括以企业资金为主要来源的茶叶加工项目，还包括以农户自筹资金为主要来源的产业发展项目。此外，一些特色的公益组织帮扶项目也为璞岭村的社会事业建设项目提供了支持。总体而言，在帮扶干部的引导和规划下，璞岭村对各类扶贫资源进行了较为有效的整合，使基础设施建设、产业发展和基本公共服务实现了较好的融合发展。

一 产业发展基础进一步夯实

自 2015 年 7 月被确定为精准扶贫示范村以来，璞岭村的基础设施建设步伐明显加快。2015~2017 年，璞岭村在路网建设方面，升级进村大通道麻池至璞岭的道路 9.7 公里。硬化村内产业基地公路 10 条 36.7 公里。新修公路 4 条 6.5 公里、人行桥 5 座。维修 43.4 公里组级公路。2016 年全村启动土地整治项目，平整土地 6000 亩，实施综合农业开发 4000 亩。在用电及新能源推广方面，全村改造升级电力台区 10 个，新增台区 4 个，确保了全村生产生活正常稳定用电。到 2016 年底，全村 31 户宽带已完成入户安装。宽带光纤的进入，直接推动了璞岭村电商扶贫的开展。在饮水和用水工程方面，分户建池 22 个 914 立方米，安装管线 13 万米。重点解决了 5 个村民小组共 130 余户 500 多人的饮水问题。推广沼气运用，实施"一池三改"100 户，同时在村内推广使用太阳能新技术。

基础设施建设改善了璞岭村的交通网络，也改善了村民发展扶贫产业的物流运输条件和生产设施条件。产业基地公路的里程和等级的提升，使过去因交通不便而导致农产品无人问津或低价出售的难题得到了明显缓解。同时，机械和设备能够顺利进入村内，也提高了茶叶、药材种植加工的生产效率。"要想富、先修路"在璞岭村得到了印证，路网升级提高了生产效率，同时也降低了村民生产生活的交通成本和时间成本，为各项扶贫资源的进入和整合利用打下了坚实的基础。

二 产业规模化发展脱贫体系初步形成

长阳土家族自治县扶贫攻坚产业发展的总体目标是：加大贫困村、贫困户特色产业扶持力度，按照连片发展，规模化、标准化、专业化要求，不设指标限制，有多少支持多少，力争到 2018 年，达到人均 3 亩多经济园林，人均年收入过万元的目标。基本原则是坚持"五个一"产业政策不变。对茶叶、魔芋、木瓜、栀果、核桃等五大产业，原则上按照全县"五个一万亩"的产业发展要求，项目规划不变、扶持政策不变、推进方式不变。同时，长阳土家族自治县也加大对"五个一"以外的其他产业的扶持。其他产业包括：柑橘、中药材、香菇、花卉苗木等特色种植，种草养羊、林下养鸡等特色养殖，农家乐、庭院经济。

自 2015 年 7 月完成精准识别试点调查后，璞岭村因地制宜确立以产业扶贫为抓手，确定璞岭村大力发展茶叶、药材等重点产业。根据《璞岭村群众代表大会"一事一议"决议》的内容，璞岭村自 2015 年实施精准扶贫以来，立足村情，提出了"1 个 3、2 个 4、3 个 5"的产业发展目标。即：3000 亩果（700 亩李子、800 亩核桃、1500 亩板栗）；4000 亩茶、4000 亩药；5000 头猪、5000 头羊、5000 羽鸡。截至 2016 年 11 月，该村的茶叶、药材、养殖类产业项目全面开展。

（一）茶叶产业发展情况

2015 年 8 月，全村确立规划新种植茶叶 2266 亩，涉及农户 448 户 1800 余人；改造老茶园 734 亩，计划分两年实施（见表 3-1）。除 1 组外，全村其余 7 个村民小组均有新建茶园和改造老茶园规划。

表 3-1　璞岭村精准扶贫精准脱贫茶叶产业发展规划

单位：万元，户

建设内容	项目计划建设进度	资金筹措金额及结构			预期收益	受益农户
		总投资	行业部门投入	农民自筹		
改造老园734 亩	2015 年改造 500亩，2016 年改造234 亩	50	25	25	293.6	448
新发展2266 亩	2015 年实施，年底结束	340	249	91	339.9	448

为提高贫困户和一般农户种植茶叶的积极性，璞岭村组织产业示范户、贫困户代表 100 人次到大堰千丈坑、宜都潘湾、五峰渔洋关参观学习茶叶产业发展模式。2015 年 11 月 4 日，全村举行村民代表大会，确立了以公开招标方式选择茶苗供应商。2015 年 12 月到 2016 年 4 月，璞岭村新栽种茶叶 1800 亩，村内请专业技术人员开展 4 次技术培训，村民参与培训积极性高。廪君茶庄承包村内 771 亩老茶园的修剪工作，并成立一个祥官茶叶修剪服务队，2016 年，全村组建了由 12 人组成的茶叶修剪队，其中贫困人口占 41.7%。

在茶叶产业方面，璞岭村"两委"在帮扶部门和驻村干部的指导下，摸清楚了发展茶叶产业的"家底"，并且合理利用专项扶助资金通过公开招标的方式，完成了茶叶种苗的采购。一方面，将茶叶种苗免费发放给精准扶贫建档立卡户；另一方面，发放一定数量的茶叶种苗给村内一般低收入户和有意愿发展茶叶产业的农户。在种植范围上，首先从壮大村内茶叶种植规模出发，综合考虑了村内精准扶贫建档立卡贫困户和非建档立卡贫困户的真实需求，形成了非贫困户与贫困户共同发展村内规模产业的态势。此外，为加大对贫困户的扶持，璞岭村还在专项扶贫资金中，安排一定比例的资金采购农药化肥，发放给建档立卡贫困户，帮助贫困家庭减少农业种植成本。

（二）药材产业发展情况

根据规划，璞岭村确定1、6组为重点发展药材产业园，并确定了雪山坪西坪、肖坪顶坪为药材基地，依据村内气候条件将独活、天麻、贝母作为全村药材产业的主要发展品种。为提升村民参与药材产业发展的积极性，2015年，村委会组织专业合作社管理人员、村组干部、贫困户代表、能人大户近60人到巴东县绿葱坡镇考察学习药材种植模式与技术。到2015年底，全村已栽种800余亩独活、200余亩天麻、300余亩贝母、800余亩木瓜。由于药材产业对基础设施的要求很高，璞岭村申报并启动了璞岭村药材基地公路维修建设项目。根据项目实施情况，位于6组的药材基地累计种植面积可达500亩，可带动贫困户25户72人。

璞岭村药材产业扶贫的路径主要还是依托专业合作社带动贫困户。《2016年璞岭村群众达标大会"一事一议"

决议》显示，2016 年 11 月 15 日，村"两委"召开全体村民代表会议，会议将 2016 年县扶贫办安排璞岭村药材基地建设项目资金 44 万元做如下整合。一是以长阳大山中药材种植专业合作社为平台，由合作社牵头，从 44 万元中拿出 6 万元资金对当年种植独活的贫困户和一般农户按照面积实行"以奖代补"，给予一定的补贴。二是全村发展木瓜 700 亩，总投资 24 万元。一方面，将林业部门支持的造林补贴资金用于木瓜产业发展；另一方面，则从 44 万元项目资金中拿出 6 万元解决木瓜产业发展的资金缺口。三是以长阳大山中药材专业合作社为平台，扶持 30 个极度贫困户和重度贫困户。具体以新发展天麻 1600 平方米（户均 50 平方米以上）的方式，扶持 30 个贫困户当年增收 1.2 万元并脱贫销号，会议同意从 44 万元中切出 12 万元用于此事项。四是从药材基地建设项目资金中，安排 20 万元，用于发展独活 500 亩。

通过上述资金的分模块整合，药材基地建设项目资金最终用途如下：一是 33.7 万元投资新建独活基地 400 亩 180 万株；二是 6.7 万元投资新建厚朴、黄柏基地 335 亩 55840 株。项目实施单位为璞岭村的长阳大山中药材种植专业合作社。上述 400 亩独活种植涵盖 94 户家庭，其中贫困户 37 户，占 39.4%。贫困户的参与户数及比例与项目申报时存在明显差距。在天麻种植扶持中，2016 年全村种植天麻人数达 62 户 214 人，其中精准扶贫建档立卡贫困户为 31 户 100 人，分别占 50% 和 46.7%。其他药材产业种植情况如表 3-2 和表 3-3 所示。

表 3-2 2016年璞岭村黄柏种苗领苗情况

组别	户数（户）	贫困户户数（户）	种植面积（亩）	领苗数量（株）	贫困户种植株数（株）	贫困户种植面积（亩）	贫困户种植株数占比（%）	贫困户种植面积占比（%）
1	38	21	51.5	10300	3750	18.5	36.4	35.9
2	14	6	19.5	4000	2400	12	60.0	61.5
3	5	1	3.5	700	100	0.5	14.3	14.3
8	6	2	5.5	1100	200	1	18.2	18.2
合计	63	30	80	16100	6450	32	40.1	40.0

表 3-3 2016年璞岭村厚朴种苗领苗情况

组别	户数（户）	贫困户户数（户）	领苗数量（株）	贫困户种植株数（株）	种植面积（亩）	贫困户种植面积（亩）	贫困户种植株数占比（%）	贫困户种植面积占比（%）
2	2	1	350	100	1.75	0.5	28.6	28.6
3	14	0	2500	0	12.5	0	0.0	0.0
4	18	4	5900	2600	30.5	12	44.1	39.3
5	37	12	11500	3600	39.5	18	31.3	45.6
6	45	23	18440	3100	96.5	31.5	16.8	32.6
7	4	0	800	0	4	0	0.0	0.0
合计	120	40	39490	9400	184.8	62	23.8	33.6

分析发现，总体而言，贫困户参与中药材种植的程度相比非贫困户更低。同时，各个村民小组之间的贫困户参与程度也表现出了显著差异。无论是中药材种植株数还是种植面积，贫困户的参与程度均有限，除个别村民小组的贫困户种植面积与种植株数占比超过50%以外，在独活、天麻、黄柏、厚朴等药材的种植方面，其他组贫困户的上述两项指标均低于50%。对于这一现象，基于调研组访谈过程发现的一种可能的原因是，中药材尽管售价高，但是其种植需要精细化的人工劳力和技能，

而且生产周期长，变现周期长，因而期望早日脱贫的贫困户往往不会选择种植中药材。这是不是意味着中药材的规模化发展带动贫困户的能力弱呢？这需要辩证看待。一方面，全村依据独特的自然条件发展规模化中药材种植，可以改善全村的产业结构，同时持续开展的中药材种植技能培训也可以提升全村劳动力的人力资本积累，这对于全村脱贫具有积极效应。另一方面，由于中药材生长周期和种植技术要求高，在短时间内实现现金收入存在一定难度，因此短时间内实现贫困户收入快速增加并脱贫难度较大。

也正是考虑到中药材种植与其他经济作物生产周期和技术要求的不同，璞岭村的药材产业发展并非完全分散到各个农户中自行种植，而是将药材基地建设项目由村委会与村内的大山中药材种植专业合作社承担具体实施，由该合作社提供种苗，并提供技术服务。同时，考虑到农户的药材初级加工问题，驻村工作队通过整合扶贫资金，为璞岭村贫困户和非贫困户发放了独活炕房补贴。从受益情况来看，2016年独活炕房补贴发放中，贫困户的户数占40%，补偿的种植面积占25.6%，补偿金额占34.5%（见表3-4）。

表3-4　2016年璞岭村独活炕房补贴发放情况

组别	户数（户）	种植面积（亩）	补偿金额（元）
贫困户	38	202.2	14154
非贫困户	57	586	26866

资料来源：《璞岭村独活炕房补贴花名册2016》。

（三）经济林果等种植产业情况

2015 年的《璞岭村群众代表大会"一事一议"决议》提出了"1 个 3、2 个 4、3 个 5"的产业发展目标。即：3000 亩果（700 亩李子、800 亩核桃、1500 亩板栗）；4000 亩茶、4000 亩药；5000 头猪、5000 头羊、5000 羽鸡。3000 亩果扶贫产业目标的提出，主要是为了平衡各村民小组的经济发展结构和产业布局。为平衡产业发展布局，确保每一个组每一户均有 1~2 项稳定增收致富的产业，璞岭村决定在原内溪部分自然组、原璞岭村部分自然组新发展李子基地 700 亩。水果基地建设项目资金全部来自扶贫资金，建设地点为璞岭村的 3、4、5、6、7、8 村民小组。2016 年 12 月，全村李子树苗完成了定植。项目预期 3 年后给全村实现增收 10 万元，5 年后预期增收 100 万元。

魔芋也是璞岭村产业扶贫的重要农产品项目之一，同时也一直是长阳土家族自治县的主打特色农产品。自"五个一批"工程实施以来，截至 2015 年，全县魔芋种植面积已近 8 万亩，基地覆盖全县 11 个乡镇 97 个村。[1]《长阳土家族自治县 2016 年魔芋产业发展实施方案》要求，坚持基地发展与产业扶贫相结合原则，以现有的魔芋专业村为辐射带动产业发展的核心区，以适宜种植魔芋的重点贫困村为扶持发展的重点区域，力争让有魔芋种植条件和能力的建档立卡贫困户优先实现全覆盖。魔芋产业发展投入

---

[1] 长阳土家族自治县农业局、县扶贫办：《长阳土家族自治县 2016 年魔芋产业发展实施方案》，2016 年。

大、成本高，必须坚持在以芋农自筹的基础上，政府适当给予补贴。对于建档立卡的贫困户可以实行小额扶贫贷款的形式发展。2016年全县确定24个魔芋产业基地村，规划发展总面积3500亩，基地建设投入扶持资金400万元。按照《2016年全县魔芋产业发展任务分配表》，2016年，璞岭村作为都镇湾镇7个重点贫困村成员之一，种植魔芋200亩，占当年全镇种植面积的19%，占全县种植面积的5.7%。[①]

核桃是产业扶贫的一个重要推广项目，很多地区都开展了规范化的核桃种植。2015年，璞岭村的核桃种植面积达到800亩。但是由于之前璞岭村境内没有种植过核桃，加之村民未掌握专业技术，因此也在一段时间内出现核桃树只长叶不挂果的现象，一些贫困户则直接将树砍掉。针对上述问题，县林业局制定《长阳土家族自治县2015年核桃产业基地建设实施方案》，组织11个技术服务工作组，对全县核桃500亩以上的52个重点村，分春、夏、秋、冬四季开展技术培训和现场技术指导。核桃尽管也是璞岭村的产业扶贫项目之一，但是其增收效应并不明显。

在林业发展方面，璞岭村具备得天独厚的气候和自然环境优势。一是璞岭属于高山区，林业资源丰富。目前，璞岭村具有重点生态公益林珙桐原生地保护区和红花玉兰原生地保护区。因此，全村享受的生态公益林补贴金额也相对较多，构成了村民家庭收入的不可或缺的来源。二是

---

① 长阳土家族自治县农业局、县扶贫办:《长阳土家族自治县2016年魔芋产业发展实施方案》，2016年。

政府也高度重视加强林业产业的技能培训。2016 年，璞岭村获得 11 场次的林业产业技术培训与服务指标。此外，璞岭村还利用自然资源优势，发展种草业，为村内畜牧业发展以及牧草向外销售延伸了产业链。

（四）养殖业产业情况

土家族农户有养年猪的传统习俗，但是由于地处深山，粮食作物产量并不充足，因此在相当长的一段时期内，村内大规模养猪的情况并不多见。近几年随着农村专业合作社的兴起，村内也零星出现了养殖业专业合作社。以生猪和山羊为代表的传统养殖业也开始从分散经营向专业大户集中。2016 年，全村存栏 100 头以上的生猪养殖专业大户为 5 家；2017 年，调研组实地考察时，村内又有返乡农民新建养猪场。在山羊养殖方面，截至 2017 年，养殖山羊个数在 50 只以上的有 5 户。2016~2017 年，璞岭村成立了两家养殖专业合作社。其中，于 2016 年成立的长阳孝松养殖专业合作社的经营范围为牛羊猪养殖与销售，帮扶贫困户户数为 10 户。2017 年成立的牛、羊养殖专业合作社帮扶贫困户户数为 15 户。但是相比其他农林业的专业合作社而言，养殖专业合作社帮扶贫困户的户数更少 [1]。

为帮助贫困户更好地参与专业合作社并较好地实现增收，长阳土家族自治县于 2016 年开展了"1211"扶助工程，创新养殖业扶贫模式。这一模式的基本理念是，动员

---

[1] 村内 2 个药材种植专业合作社帮扶的贫困户均在 50 户左右，2 个茶叶专业合作社帮扶贫困户在 30 户左右。

贫困户加入养殖专业合作社，由入社的贫困户将自有的土地或者荒地流转给合作社，合作社将这些土地用于种草；同时，贫困户还可以向合作社申请领养羊若干头并负责饲养。合作社则负责将羊的防疫和销售等，将销售收入和土地流转的租金等分红给贫困户。璞岭村养殖业产业扶贫的合作对象是长阳永兴林下养殖专业合作社。璞岭村以村委会的名义和长阳永兴林下养殖专业合作社签订《璞岭村扶贫互助能繁母牛繁育基地和宜昌白山羊产业扶贫项目协议书》。这种新的合作模式具体内容是：第一，由村委会推荐有诚信、有劳动能力的 40 户贫困户加入该项目（并不意味着加入该合作社），并商定合作期为三年。第二，合作社负责对贫困户进行技术培训、物资发放、防疫操作和产品回收销售。第三，村委会负责监督推荐的 40 户贫困户按照要求进行饲养等生产活动，且不得私自宰杀或丢弃合作社发给的牛羊等。第四，村委会也有协助合作社申报技术课题和产业扶持项目的义务。第五，合作社必须安排贫困户参与产业扶贫项目中力所能及的劳动，并支付劳务费。第六，合作社必须在约定的产业扶贫项目中使贫困户受益。受益标准为：第一年户均收入不低于 5000 元，第二年户均收入不低于 1 万元。并且，合作社无论发生什么情况，必须按时履约，不得因为任何变故影响贫困户利益①。为了确保贫困户不将合作社的羊转卖、自行处置等行为发生，合作社可以向农商银行申请扶贫"121"专项贷

① 详见《璞岭村扶贫互助能繁母牛繁育基地和宜昌白山羊产业扶贫项目协议书》。

款。按照领养 3.5 只 5000 元、7 只 1 万元、11 只 1.5 万元的标准申请贷款，由县扶贫办提供 70% 的担保，甲方提供 30% 的担保。贷款由发放银行发给合作社统一管理使用，甲方为发放的白山羊统一购买养殖保险，一旦死亡，贫困户只需要按要求上报，不需要赔偿。但如果贫困户主观故意让羊非正常死亡（如饿死、冻死等），贫困户则需要承担相应的赔偿责任[①]。

这一与合作社签订产业扶贫项目协议书的合作方式，让璞岭村 40 户贫困户有了稳定的经济收入。而政府部门也通过提供担保等优惠政策为养殖专业合作社的经营提供了资金保障，降低了合作社经营的风险。综合而言，璞岭村在产业发展脱贫体系构建方面已经初步形成了一条"高山药材－中山核桃－低山茶叶－适度畜牧"的主导产业立体布局。

三 金融扶贫和电商扶贫助推扶贫产业发展

缺乏发展资金一直是制约多数贫困户发展产业的主要阻碍因素。璞岭村这类深居大山深处的村庄的贫困户因自给自足率高、产业化程度低，长期以来几乎没有完成充足的资本积累。因此，在早期的扶贫开发过程中，缺乏自有资金的贫困户往往没法参与到一些产业项目中来。为此，

---

① 第一年保险由甲方统一够买，乙方无须承担保险费。第二、三年保险费由甲方统一购买，乙方自行承担保险费。凭保险公司出具的保险发票，第三年在收购乙方产品时按照实际金额折价扣除。

2013 年开始的精准扶贫着重强调要发挥普惠金融对贫困户的帮扶作用，在原先小额贴息贷款的基础上，创新贫困户和农村产业扶贫的融资方式，减少资金不足产生的制约。长阳土家族自治县的金融扶贫方式，一方面是成立金融精准扶贫工作站指导和帮助贫困户及贫困村的专业合作社完成贷款申请，简化贷款流程和工作成本，畅通银行与贫困户、专业合作社的信息审核与贷款发放工作；另一方面是银行创新金融扶贫方式，提升贷款资金的使用效率，具体包括农商银行的"金融扶贫示范点"项目和在全省创新设立的"邮储扶贫贷"项目。金融扶贫项目的实施对象也分为贫困户和农业专业合作社。

（一）金融精准扶贫工作站提升贷款服务效率

《人行长阳支行 县扶贫办关于在全县贫困村开展金融精准扶贫工作站建设工作的通知》要求，金融精准扶贫工作站作为建档立卡贫困户与金融资源精准对接的工作平台，主要负责组织村内建档立卡贫困户参与信用评级，协助金融机构调查、收集精准扶贫的金融需求，推动工业产业化龙头企业、农民合作社、家庭农场、专业大户等新型农业经营主体与建档立卡贫困户建立稳定的帮扶关系，协助金融机构做好建档立卡贫困户、新型农业经营主体的贷款申请、贷后管理，统筹协调推动村内惠农金融服务联系点开展普惠金融服务工作。由村"两委"干部、驻村工作队员和主办银行信贷人员等组成工作人员，由所在村党支部书记担任站长，驻村第一书记担任副站长、主办行派一人担任副站长，其余站内工作人员原则上要求有一名群众代表、一名党员代表、一名贫困户代表。工作站实行贫困村"一村一站"模式，日常工作由办行"划片包干、责任到村"的管理机制负责实施。[①] 璞岭村的金融精准扶贫工作站设在村民活动中心，工作站自设立以来已经累计给数百位村民提供了信用评级、协助办理贷款手续等多项服务，极大地提高了贫困户获得贷款的效率。

（二）扶贫小额贴息贷款激活贫困户发展潜能

2015 年，长阳土家族自治县被人民银行武汉分行和湖北省扶贫办列为"金融扶贫示范县"。2015 年 10 月底，县农商银行与璞岭村就金融扶贫工作进行了专项对接，签订了合作协议，围绕推广扶贫贷款产品引导农民致富，并为贫困户发放了贷款证，设立三农金融服务点，逐步发挥金融网格服务化作用，为全村产业发展、基础设施建设提供金融支撑。2015 年 11 月，县农商行组织调研组到璞岭村调研核定璞岭村的信用农户为 409 户（全村 694 户）。在此基础上，县农商行将璞岭村确定为金融扶贫示范点，评级授信 408 户，发放贷款证 300 户。2016 年璞岭村有 76 户建档立卡户获得了长阳土家族自治县创新发展小额信贷，贷款额总计 95.5 万元，小额贷款利率为 7%。其中 57

---

① 中国人民银行长阳土家族自治县支行办公室：《人行长阳支行 县扶贫办关于在全县贫困村开展金融精准扶贫工作站建设工作的通知》，2016 年 6 月 8 日。

户建档立卡贫困户获得的是农户小额信用贷款，20 户建档立卡贫困户获得的是农户扶贫贷款。从用途来看，建档立卡贫困户的贷款资金主要用于养殖业和药材种植。例如，2015 年 11 月 18 日，璞岭村某村民获得该县农商银行发放的 5 万元农户信用贷款，他用这笔钱发展养牛产业，脱贫致富。[①] 贷款资金在 8 个村民小组中的分布也表明，贷款用于的产业也与各组的生态环境契合度较高，资金使用较为合理，具体如表 3-5 所示。

表 3-5　璞岭村建档立卡贫困户 2016 年扶贫小额信贷情况

组别	贷款户数	贷款类别	贷款金额	贷款用途
1	10	1 户农户小额信用贷款、9 户农户扶贫贷款	19 万元	药材种植（16 万元）、养殖业（3 万元）
2	2	农户小额信用贷款	3 万元	养殖业（1 万元）、药材种植（2 万元）
3	4	农户扶贫贷款	7 万元	药材种植（6 万元）、养殖业（1 万元）
4	13	11 户农户小额信用贷款、2 户农户扶贫贷款	11 万元	养殖业
5	9	8 户农户小额信用贷款、1 户农户扶贫贷款	12 万元	养殖业（6 万元）、种植业（6 万元）
6	17	15 户农户小额信用贷款、2 户农户扶贫贷款	20 万元	养殖业（14 万元）、种植业（6 万元）
7	13	12 户农户小额信用贷款、1 户农户扶贫贷款	13 万元	养殖业
8	11	10 户农户小额信用贷款、1 户农户扶贫贷款	10.5 万元	养殖业

资料来源：依据《都镇湾镇 2016 年扶贫贴息贷款清单》整理。

---

① 张茜：《长阳建金融精准扶贫示范村 助困难村民脱贫致富》，《湖北日报》2015 年 11 月 19 日。

（三）"邮储扶贫贷"壮大专业合作社发展实力

长阳土家族自治县在全省创新设立"邮储扶贫贷"[①]，该政策的帮扶思路是：设立风险补偿基金，针对农村专业合作组织、致富能人、贫困户发放小额贷款，按照1∶10的放大比例确定贷款规模。2015年，长阳土家族自治县设立了风险补偿金1000万元，因而贷款规模达到1亿元。在贷款额度方面，潜力大、示范好、产业强的专业合作社最高可贷款100万元。同时，对建档立卡贫困户则制定种植养殖贷款实施办法，对贫困户贷款实行无担保、免抵押、贴息贷款。璞岭村于2015年被县邮政储蓄银行列为金融扶贫试点村，县扶贫办从当年的专项扶贫资金中安排20万元用于璞岭村建档立卡贫困户申请邮储扶贫贷的担保金，促成了储蓄银行与璞岭村中药材种植专业合作社等的银社对接协议。截至2015年底，璞岭村共收到此项贷款达200万元。

金融扶贫政策的实施，使璞岭村的农业专业合作社和贫困户都获得了用于创业生产的启动资金，为全村规模化扶贫产业的发展提供了金融服务。

---

① "邮政扶贫贷"的贷款对象一般是指，年龄在20~60周岁，符合国家产业政策、扶贫政策，且具有经营项目和经营能力的贫困户。授信额度单笔贷款金额最高不超过10万元。单笔贷款期限最长1年。担保方式包括两种：第一种，联保担保，由3户符合条件的贫困户组成联保小组，互相承担连带保证责任；第二种，保证担保，由符合条件的自然人进行担保。"邮政扶贫贷"的办理流程为：村互助社推荐—县扶贫办审核—邮储银行贷款受理—贷款调查—贷款审批审查—合同签订—担保落实—贷款发放—按时还款。

（四）电商扶贫畅通农村物流服务网络

电商扶贫成为国务院扶贫确定的十大精准扶贫新模式之一，并在全国各地产生了良好的经济效益和扶贫带动示范效应。根据国务院扶贫办与苏宁云商集团签订的战略合作框架协议，长阳土家族自治县把电商扶贫纳入了该县扶贫开发工作体系，建立电商运营平台，建设"苏宁长阳特色馆"，培育一批电商旗舰店和专营店。长阳土家族自治县的电商扶贫思路是：以建档立卡贫困村为服务重点，培育和提高贫困户运用电子商务创业增收的能力，建设鼓励引导全县电商企业开发贫困地区特色农产品网上销售平台，与合作社、种养大户等建立直采直供关系，初步建成统一开放、竞争有序、诚信守法、安全可靠、绿色环保的县域电子商务市场体系，形成"电商平台＋龙头企业＋合作社＋贫困村（户）＋网店"的电商生态链，拓展贫困地区就业和增收渠道。

长阳土家族自治县为落实电商扶贫思路与目标，一方面，鼓励和县内企业创新商业模式；另一方面，积极开展电子商务综合示范村建设，推动电子商务开拓农村市场。引导电子商务企业与全县邮政、物流、供销、交通运输等既有网络和优势资源对接合作，对农村传统商业网点升级改造，健全县、乡、村三级农村物流服务网络。除了加强电商扶贫的运作模式与网络及流通基础外，长阳土家族自治县还在提升农户参与电商的能力方面采取了培训措施。2015年制定的《全县电商扶贫工作实施方案》明确要求落实"互联网+"进农户，并提出了加强农户参与电商扶贫能力建设培训的意见。一是在每个村培训3~5个电商带头人。二是举办贫困村电子商务培训班，全县54个贫困村每村都安排电商创业人员参加培训。璞岭村是全县重点扶贫村之一，结合该村交通不便等脱贫实际，扶贫部门为该村量身设计了电子商务及创业培训项目，年轻村民在接受电商及创业培训后学会了使用电脑的基本技巧和网上销售技巧，已经初步实现了坐在家里把大山里的山货、土特产卖了出去。璞岭村的驻村第一书记已经带领一批人通过微信的微店平台对村内的优质蜂蜜、腊肉等农产品进行销售，逐步探索以电商渠道破解山区农产品销售难题。

四 贫困户住房质量显著改善

房屋质量差、安全性低是璞岭村贫困人口提升发展能力的重要制约因素，调研组入村调研期间统计发现，茅草房主要集中在该村海拔较高的几个村民小组，具体包括1组、2组和3组。而危房则在大多数村均有分布。访谈发现，该村农户居住房屋大多是20世纪70年代以前建造的茅草房或者土坯房，山区缺乏较好的现代建筑材料，加之周期性的雪灾、风灾、山洪塌方等自然灾害的影响，村内很多位置偏远的农户房屋破损严重，并直接影响到了村民的居住安全。根据2015年7月开展的精准识别试点调查，璞岭村共计排查出茅草房19户、危房户20户、杉皮屋7户、无房户6户（见表3-6）。

表 3-6 璞岭村 2015 年危房统计情况

单位：户

组别	茅草房	危房	杉皮屋	无房户
1	12	8	—	1
2	3	—	—	1
3	4	2	7	2
5	—	1	—	1
6	—	6	—	1
7	—	3	—	—

在深入镇村核查的基础上，长阳土家族自治县确定全县应消除茅草房（杉皮屋）为 330 户 655 人。随后，长阳土家族自治县就在全县召开"消茅"攻坚行动动员大会，并出台了《消除农村住户茅草房的实施方案》。该方案规定，"消茅"攻坚行动的实施对象是全县农村贫困户和那些常年居住在茅草房、杉皮屋的住户。目标是 2015 年底前要全面完成"消茅"建设任务，确保贫困农户春节前搬进新居。"消茅"行动由乡镇负责，分类实施，通过四种方式推进[①]。对于建筑面积的规定，在满足基本居住和安全居住的前提下，原则上按照县推荐的农村村民建房指导图

[①] 一是政策托底。对无劳动力的、无智力的"两无"茅草房住户，按照统一规划、统一设计、统一施工、统一验收、统一补助的原则，分类建设帮扶，由镇村统一建设公租房解决其居住问题，每户补助标准不超过 3 万元，房屋产权归集体所有。二是以奖代补。对有一定经济基础和劳动力的茅草房贫困户住户，采取引导和鼓励的方式，以资源自建为主，按实际投资计算，自筹资金达到 50% 以上的，补助 50% 但最多不超过 2 万元，房屋产权归农户所有。三是定额补助。对子女有供养能力、老人单独居住茅草房的贫困住户，责成其子女依法履行赡养义务，限期完成"消茅"任务，实施定额补助建房，按户均 7500 元的标准予以一次性补贴。四是残疾托养。对农村重度残疾人住户，以村委单位试点建设残疾人托养中心，按"五统一"办法打造"晨光家园"品牌，确保残疾人小康路上不掉队。

集，人均住房面积在 15 平方米以内，总建筑面积控制在 45~65 平方米进行建设。2015 年 10 月 29 日，全县"消茅"指挥部组织召开专题办公会议，编印农村村民建房指导图集 1000 册，整合安排专项资金 881.6 万元（其中安排"消茅"启动资金 225 万元），统筹用于"消茅"农户建设补助和集中安置点的建设。

璞岭村在《消除农村住户茅草房的实施方案》的规划下，于 2015 年底完成了危房改造 20 户、"消茅" 21 户，41 户贫困户陆续住进了新房。在"消茅"和危房改造的实施过程中，危房改造和"消茅"主要以农户自建为主，农户的主体性得到了尊重。农户自建确有困难且有统建意愿的，由乡镇人民政府和村民委员会帮助农户选择有资质的施工队伍统建，村、施工单位、农户三方签订统建协议，明确补助的项目和金额，资金按工程进度验收后由国库集中支付，直接拨付至施工方和设备供应商等最终用款单位。农户自建的，验收合格后，直接拨付至农户"一卡通"账户，项目完成后接受专项审计。在完成"消茅"任务的同时，璞岭村也加快了危房改造和易地搬迁集中安置工作。2016 年，璞岭村有 47 户 150 人享受了农村危房改造政策，共计发放补助金额 48 万元。2017 年，璞岭村又识别出了 98 户危房户（占 2015 年精准识别的建档立卡户的 43.2%），其中，C 级危房占 26.5%，D 级危房占 73.5%。有接近 3/4 的危房户属于 D 级（见表 3-7）。

表 3-7 2017 年农村危房精准识别汇总

单位：户

组别	贫困户	C 级危房户数	D 级危房户数
1	11	2	9
2	26	1	25
4	10	2	8
5	7	6	1
6	19	6	13
7	15	4	11
8	10	5	5
合计	98	26	72

注：C 级危房是指部分承重结构承载力不能满足正常使用要求，局部出现险情，构成局部危房。D 级危房是指承重结构承载力已不能满足正常使用要求，房屋整体出现险情，构成整幢危房。

资料来源：依据《都镇湾镇璞岭村 2017 年脱贫攻坚作战手册》整理得到。

《长阳土家族自治县易地扶贫搬迁实施方案》规定，以搬迁为手段，以脱贫为目的，以"一方水土养不活一方人"的区域为重点，以建档立卡搬迁对象的搬迁脱贫为主攻方向，坚持"挪穷窝"与"换穷业"并举，安居与乐业并重，搬迁与脱贫同步，坚持以党支部为龙头，以集体资产为纽带，以互助合作组织为基本方式，以安居、产业、就业为抓手，按照"县统筹、乡镇实施、村管理、户自愿"的原则，推进易地扶贫搬迁工作。以就业和增收为核心，采取集中安置和分散安置相结合，以集中安置为主，实行"五靠近"（靠近中心村、靠近集镇、靠近生态旅游区、靠近产业园区、靠近城区）。也可以通过分散建房安置、插花和投亲靠友安置、进城及进镇购房安置等，充分尊重搬迁群众意愿，满足搬迁对象多元化需求。

依据《长阳 2016 年度易地搬迁县领导联系集中安置点安排表》，璞岭村的集中安置户数为 22 户 64 人，集中安置点名称为璞岭。长阳土家族自治县"消茅"集中安置点建设工作专题办公会议批准璞岭村获得 40 万元集中安置点建设补助资金。[①] 为解决易地搬迁集中安置的用地问题，璞岭村决定将集中安置点位置确定在 8 组村委会旁边，并决定将位于村委会旁边的湖北一致魔芋加工厂及周边的多处农户的土地房屋征用拆迁 [②]。2016 年，全村实施了易地搬迁，其中，分散安置 28 户，集中安置 31 户，集中安置户的基本状况详见表 3-8。在集中安置点的基础设施方面，建设了 200 立方米的水池 1 个、8 米电线杆 6 根、宽 5.5 米长 200 米的硬化道路、2 个垃圾池、160 平方米的卫生室 1 个、160 平方米的活动室 1 个、550 平方米的娱乐广场 1 个 [③]。

---

① 长阳土家族自治县"消茅"指挥部：《关于"消茅"集中安置点建设工作的专题办公会议纪要》（县消茅办〔2016〕1 号文）。

② 一是向村内村民 A 征收土地，征收魔芋加工厂土地，向村内村民 B 征收土木结构房屋 2 间。此外还向 4 户农户征地征房。

③ 《长阳土家族自治县易地扶贫搬迁用地工作实施意见》规定，积极盘活农村存量建设用地，统筹安排各类建设用地，克服单纯依赖新增建设用地计划指标解决易地扶贫搬迁用地的做法，按照"发展中心村、保护特色村"的原则，探索建立原有宅基地退出机制，着力盘活农村存量建设用地，保障易地扶贫搬迁建设用地要求。为合理控制集中安置点用地规模，并坚持节约用地，各乡镇在确定集中安置点用地规模时要按照以下原则。单户用地面积：每户宅基地使用面积不超过 125 平方米，同时根据易地扶贫搬迁相关政策，按 60%~80% 的比例配置基础设施和公共服务设施用地。按照规定，集中安置点还需要在红线范围内征地、场平以及配套建设水、电、路、气、网等基础设施。配套建设学校及幼儿园、卫生室等公共服务设施。并且需要为集中安置点的住户实现后续帮扶脱贫，即通过发展特色产业、劳务经济、现代服务业、资产收益和社保兜底等帮扶脱贫。每个集中安置点应重点突出一个以上脱贫项目类型。

表3-8　璞岭村集中安置点农户房屋及就业情况

安置户编号	家庭人口（人）	建房面积（平方米）	产业发展情况			家庭户类型
			品种	数量（亩）	就业／创业	
P1	3	75	独活	4	药材基地	贫困户
P2	2	50	独活	6	药材基地	贫困户
P3	2	50			外出务工	贫困户
P4	3	75	茶叶	4	茶厂	贫困户
P5	3	75	茶叶	4	茶厂	贫困户
P6	3	75	茶叶	6	外出务工	贫困户
P7	1	40			外出务工	贫困户
P8	4	100	茶叶	6	外出务工	贫困户
P9	3	75	贝母	2	茶厂	贫困户
P10	3	75	茶叶	5	茶厂	贫困户
P11	1	40	贝母	2	茶厂	贫困户
P12	3	75	茶叶	3	发展茶叶	贫困户
P13	4	100	独活	3	发展药材	贫困户
P14	3	75			外出务工	贫困户
P15	5	100	独活	5	外出务工	贫困户
P16	3	75	茶叶、独活	2、1	发展茶叶	贫困户
P17	4	100	茶叶	8	发展产业	贫困户
P18	2	50			外出务工	贫困户
P19	5	125	茶叶	4	发展茶业	贫困户
P20	2	50	茶叶	4	发展茶业	贫困户
P21	1	40	独活	2	低保兜底	贫困户
P22	2	50			低保兜底	贫困户
P23	2	50	茶叶	2	低保兜底	贫困户
P24	1	40			五保	贫困户
P25	4	100				一般户
P26	4	100				一般户
P27	4	100				一般户
P28	4	100				一般户
P29	4	100				一般户
P30	4	100				一般户

注：此表格中的贫困户与一般户数量与文字表述部分存在略微差异，但这种差异不影响表格内容对集中安置户的住房面积、产业参与情况等的介绍。

璧岭村建档立卡贫困户中，有部分贫困户地处山区，交通不便、信息闭塞、生存环境恶劣，存在严重的地质灾害隐患。加之生产耕作条件极差，生活水平极其低下，就地脱贫无望，通过易地扶贫搬迁精准施策，璧岭村第一期实施搬迁共 25 户。根据项目需求共征地 25 亩，改造公租房 13 套，另外新建 12 套安置房，安置点的安置房正在施工中，其中贫困户 25 户 50 人，为解决搬迁群众的基本生活问题，每户承包土地发展茶叶产业和特色农业继续创收，新建茶厂务工需求可促进一部分搬迁人员就业，还加大电商培训、发展物流业，多渠道促进搬迁户增收，让搬迁户稳得住。

五 劳动力人力资本质量持续提升

党的十九大报告在论述坚决打赢脱贫攻坚战的要求时提出，注重扶贫同扶志、扶智相结合。"扶志"，就是要把贫困农民自己主动脱贫之志气"扶"起来，增强他们脱贫增收的主观能动性。"扶智"，就是国家从职业教育、农技推广、信息流通渠道拓展等方面，培育有科技素质、有职业技能、有经营意识与能力的新兴知识化农民，以开拓致富门道，转变农业发展方式。[1]纵观当前我国贫困人口分布特征可以发现，帮助深度贫困地区和偏远山区的贫困人口实现"精神脱贫"往往比帮助他们实现"收入脱贫"具

---

① 颜安、汤艳娟：《扶贫＋扶志＋扶智 激发群众内生动力》，《重庆日报》2017年11月5日。

有更加深远的意义。从璞岭村的情况来看，帮扶干部将缺乏引路人、带头人和明白人这"三类人"视为璞岭村的重要贫困致因。因此，在扶贫措施中，也重视将扶志与扶智相结合，通过技能培训等方式加快璞岭村完成人力资本积累，为贫困家庭形成可持续生计奠定基础，为乡村振兴完成人才储备。

（一）技能培训

精准扶贫实施以来，长阳土家族自治县牢固树立"扶贫先扶智、治穷先治愚"的理念。增能与扶智相结合的具体做法主要表现如下。一是2015年全村完成农村"两后生""雨露计划"培训11人。2016年，璞岭村共有23名学生申请了"雨露计划"，有12人通过审核获得资助。其中6人就读的学校是长阳职业技术教育中心，另外6名学生则在长阳土家族自治县以外的大专院校就学。二是长阳土家族自治县为每个村聘请一个首席技术负责人，以茶叶、药材、核桃、养殖等为重点开展本地种植业技术培训。2015年，璞岭村开展茶叶、药材、养殖等实用技术培训10场次800人次。三是开展外出务工技能培训。长阳土家族自治县对54个重点贫困村有就业能力和就业愿望的贫困户实行就业扶贫。按照《关于实施就业扶贫工程的通知》规定，就业扶贫工程培训对象为：县内初中以上文化程度，16~35周岁（本人培训就业愿望强烈的困难家庭人员，经本人书面申请，报县劳动就业管理局批准，年龄可放宽至40岁），有就业能力和就业愿望的困难家庭成员和扶贫部门建档立卡贫困户家庭成员①。培训内容包括缝纫车工、家政服务、电焊工、电工电子、计算机操作等。②在每个村聘请一名产业指导员，指导贫困户就近培训、基地培训、因户培训，让每家每户有一个政策、科技和信息方面的明白人，掌握一门发家致富的好技术，为贫困群众搞好农业生产、发展致富产业提供强有力的技术支撑。据统计，2015年璞岭村共有47人参加了该项技能培训，并获得了创业合格证书。

（二）创业培训

除了上述针对不同人群的专业技能培训外，长阳土家族自治县各个政府职能部门也会组织一些与提升劳动技能、就业创业相关的培训。例如，县林业局发布的《长阳土家族自治县2016年林业产业基地建设实施方案》规定，在全县开展林业产业发展技术培训与服务。璞岭村在内的5个村被列入技术培训名录，5个村累计获得了11场次的培训。人社局积极开展就业服务，把建档立卡贫困人员纳入就业困难人员实施就业援助，免费提供就业失业登记、

---

① 政策措施包括以下三点。第一，符合条件的人员，参加各专业技能培训和创业培训，免收培训费、教材费、实训材料等一切费用，参训学员住宿由就业培训中心免费统一安排。第二，培训期间，有就业能力和就业愿望的困难家庭成员，县劳动就业管理局按8元/（人·天）的标准发放生活费；扶贫部门建档立卡贫困户家庭成员，县扶贫办按20元/（人·天）的标准发放生活费，培训合格后一次性划入培训对象户主"一卡通"。第三，学员培训合格，公共就业服务机构免费介绍其就业，并实行后续跟踪服务，介绍到县外就业的，据实发给交通费用。自主创业的优先办理小额担保贷款，符合就业困难人员创业扶持认定条件的，发给一次性创业补助金2000元。

② 长阳土家族自治县人力资源和社会保障局办公室：《关于实施就业扶贫工程的通知》，2015年6月25日。

职业指导、职业介绍等公共服务，全面落实就业援助政策，采取"一对一"精准扶持就业。全年开发乡镇垃圾清运、交通协管公益性岗位 120 个，安置建档立卡户中的贫困人员 91 人，璞岭村也安置了垃圾清运员 1 人。为提高村民对产业发展的积极性，2015 年，璞岭村村委会组织贫困户三次外出到产业发展先进村进行参观学习，学理念、学方法、学技术，使村内贫困户的发展动力和信心得到提升。

（三）公共文化与知识服务供给

为丰富璞岭村民的知识文化水平，2015 年，长阳土家族自治县政府的农业、文体、卫计、司法、民政、科技等部门"组团"到璞岭村开展"六送到户"主题教育实践活动。"六送到户"具体是指送文化、送卫生、送科技、送项目、送法律、送温暖。"组团式"主题教育实践活动吸引了很多在村村民前来参与。长期以来，地处高山区的璞岭村村民很少参与公共文化服务活动和集体活动，因此这类"组团式"主题教育实践活动很受村民欢迎。调研访谈中也能发现，很多受访贫困人员对于村内进行公共文化服务项目给予了高度评价，不少人在这一过程中获得了农业技术知识和相关书籍。

除了"组团式"进村精神文明进农户，长阳土家族自治县还开展了乡风文明和乡规民约。2015 年以来，璞岭村也响应全县大力开展的"十星级文明户"创建活动，进一步强化贫困群众主动脱贫内生动力。此外，农村智能应急广播"村村响"和直播卫星"户户通"工程也在持续推进，璞岭村文体活动室（70平方米）、室外文化广场（300平方米）也均在建设之中，占地面积为50平方米的璞岭村"长阳农家书屋"的图书数量也在精准扶贫的实施下有所增加。村民们的公共文化生活内容逐步得到丰富。

六　社会保障兜底保障效果突出

"兜底保障一批"是精准扶贫"五个一批"的重要组成部分，主要是通过社会保障制度对无法通过就业增收的绝对贫困人口（一般包括贫困老年人、儿童、重度残障人士）等提供最低生活保障，对因病致贫、因学致贫的低收入家庭提供专项的医疗救助、教育救助等。

（一）农村最低生活保障

为充分发挥社会保障在救助绝对贫困人口中的兜底作用，长阳土家族自治县农村最低生活保障制度实现"按标施保"和"动态管理"，打破以往的"指标"限制，实现了保障线范围内的"应保尽保"。截至2017年2月，全县农村低保救助家庭15947户21413人，农村低保救助人口占农村总人口的6.33%。从2015年1月起，全县城乡最低生活保障待遇、农村五保、孤儿等社会救助资金均按月（每月10日）实行社会化发放，直接发至救助对象个人的"一卡通"账户。①2016年4月1日起，长阳的农村低保标准

① 《长阳土家族自治县脱贫攻坚工作情况汇报》，2017年2月。

又由 2500 元提至 3000 元。根据璞岭村 2015~2017 年的精准脱贫工作规划，227 户 712 人的建档立卡贫困户中，有 42 户 46 人需要通过农村最低生活保障救助实现脱贫销号。以 2016 年 12 月数据为例，璞岭村享受农村最低生活保障的户数为 147 户 163 人，农村最低生活保障人均待遇水平为 159.4 元，当月累计发放农村最低生活保障待遇资金 26620 元（见表 3-9）。此外，2016 年，璞岭村有 3 名五保人员在都镇湾镇农村福利院集中供养，供养标准为每月 500 元，分散供养的五保人员 10 名，供养标准与集中供养标准一致。

表 3-9　2016 年 12 月璞岭村享受农村最低生活
保障救助的人数及平均待遇

单位：人，元/（月·人）

年龄段	保障人数	平均享受待遇
80 岁及以上	18	178.9
70~79 岁	35	181.1
60~69 岁	37	181
50~59 岁	16	151.25
40~49 岁	32	166.9
30~39 岁	5	204
20~29 岁	16	196.25
20 岁以下	4	215

资料来源：精准扶贫精准脱贫百村调研璞岭村调研。

（二）医疗救助

长阳土家族自治县是中国农村合作医疗的发源地，同时又是全国新型农村合作医疗的第一批试点县。2009 年颁布实施全国第一部新型农村合作医疗地方法规，2011 年，长阳土家族自治县县委、县政府创立"大病关爱壹佰基金"，2013 年启动实施大病医疗保险，形成了新型农村合作医疗、民政医疗救助、大病医疗保险、"大病关爱壹佰基金"四道防线，对农村贫困户抵御大病重病风险发挥了重要作用。

研究发现，因病致贫是璞岭村贫困户面临的重要致贫原因。根据璞岭村 2015~2017 年的精准脱贫工作规划，有 46 户建档立卡贫困户需要通过大病救助实现脱贫销号。为推动建档立卡户摆脱因病致贫的困境，长阳土家族自治县重点加强了农村基本公共卫生医疗服务的供给。[①]2015 年以来，长阳土家族自治县所有乡镇卫生院和分院配备了 B 超、彩超机，中医药服务能力不断提升，中医重点专科、特色专科建设及"三堂一室"、"国医堂"建设取得实效。例如，璞岭村所在的都镇湾镇卫生院被省卫计委命名为"湖北省中医药服务示范单位"。

此外，长阳土家族自治县也提高了建档立卡贫困户的医疗救助报销比例，进一步减轻贫困家庭的大病医疗费用支出压力。2016 年 5 月 30 日施行的《长阳土家族自治县城乡医疗救助实施办法（试行）》规定，救助对象为具有自治县城乡户籍，参加当年城镇居民基本医疗保险或者新型农村合作医疗并在辖区内居住的下列对象：①特困供养人

---

① 长阳土家族自治县共有县、乡、村三级公共医疗机构 415 个，其中，县直医疗卫生计生单位 6 个，乡镇卫生院 11 个，乡镇卫生分院 4 个，行政村中心卫生室 154 个，村卫生室分室 240 个。县、乡医疗卫生计生机构在职职工 1788 人，其中专业技术人员 1675 人。共有在岗乡村医生 484 人。县、乡两级医疗机构开放病床数 1779 张。

员和治疗期间民政部门登记在册的城乡最低生活保障对象。②治疗期间扶贫部门建档立卡的农村精准扶贫家庭重特大疾病患者和城镇低收入家庭的老年人、未成年人、重度残疾人和重病患者等困难群众。③发生高额医疗费用、超过家庭承受能力，基本生活出现严重困难家庭中的重病患者。④县级以上人民政府规定的其他特殊困难人员。待遇实施：对缴费期间登记在册的重点救助对象参加城镇居民基本医疗保险或者新农合的个人缴费部分进行全额补贴。

《长阳土家族自治县 2016 年新型农村合作医疗统筹补偿方案》和《县合管办关于提高精准扶贫建档立卡贫困参合人员县内医疗费用补偿比例的通知》规定，从 2016 年 8 月 1 日起，长阳新型农村合作医疗对参合精准扶贫对象落实了以下七项优惠政策：①参加新型农村合作医疗的精准扶贫对象和民政救助对象住院起付线由 2015 年乡镇卫生院 200 元、县级医院 500 元调整为住院不计起付线；乡镇卫生院住院医疗费用报销比例由 2015 年的 85% 提高到 95%，县级医院报销比例由 2015 年的 75% 提高到 80%。②对湖北省卫计委规定的 22 种重大疾病患者在定点医疗机构住院医疗费用实行 70% 保底补偿，非定点医疗机构实行目录内 70% 补偿。③对在长阳土家族自治县精神卫生中心住院治疗的精神障碍患者急性期按 70% 保底报销，民政救助对象按 75% 报销，不计起付线；长期住院患者按 80% 比例报销。④在县疾控中心门诊定点治疗的肺结核门诊患者按 80% 报销。⑤对 2015 年 121 名大病患者进行二次补偿，共计出资 100.19 万元。⑥对精准扶贫建档立卡贫困人口大病保障起付线由 12000 元／年降为 6000 元／年，报销比例提高 5 个百分点。⑦对民政救助对象个人负担全年累计在起付线以内的，按 70% 的比例给予基本医疗救助；超过起付线至 5 万元以内的按照 50% 的比例给予救助；5 万元以上的按 60% 的比例给予救助。对低收入救助对象个人负担全年累计在 5 万元以下的按 30%、5 万 ~10 万元按 40%、10 万元以上按 50% 的比例给予救助。对因病致贫家庭重病患者个人负担全年累计在 5 万元以下的按 20%、5 万 ~10 万元按 30%、10 万元以上按 40% 的比例给予救助。①

据统计，2016 年精准扶贫对象住院报销比例较 2015 年全县参合人员住院报销比例提高了约 21 个百分点。②2015 年，璞岭村有 31 个农村最低生活保障家庭享受了医疗救助，累计产生了治疗费用总额 58145 元，医疗保险累计报销金额 43886 元，医疗救助资金 8396 元，个人实际支付医疗费 5863 元，分别占治疗费用总额的 75.5%、14.4% 和 10.1%。2016 年，全村有 25 名低保户享受了医疗救助，累计产生了治疗费用总额 75100 元，医疗保险累计报销金额 68499 元，医疗救助资金 3233 元，个人实际支付医疗费 3368 元，分别占治疗费用总额的 91.2%、4.3% 和 4.5%。总体而言，相比上一年，璞岭村贫困户得益于医疗保险实际报销比例的提高，农村低保家庭医疗费的自付比例有明显降低。2017 年璞岭村参加新型

---

① 长阳土家族自治县卫生和计划生育局：《长阳推进健康扶贫工作情况汇报》，2016 年 12 月 30 日。

② 《长阳土家族自治县医保局报送精准扶贫考核材料》，2016 年 12 月 15 日。

农村合作医疗的普通村民为 1530 人，帮助建档立卡贫困户代缴新型农村合作医疗 173 人，帮助代缴五保户对象 10 人，帮助代缴优抚人员 7 人，合计 1720 人。2015~2016 年度都镇湾镇璞岭村贫困人口享受医疗救助情况如表 3-10 所示。

表 3-10   2015~2016 年度都镇湾镇璞岭村贫困人口享受医疗救助情况

单位：元，%

患者代码	治疗费用总额	医疗保险实际报销比例	救助金额占治疗费用总额比重	个人自付占治疗费用总额比重	患者代码	治疗费用总额	医疗保险实际报销比例	救助金额占治疗费用总额比重	个人自付占治疗费用总额比重
A01	1018.86	66	34	0	B01	2737.06	95	5	0
A02	377.89	85	10	5	B02	921.39	84	15	1
A03	1809.98	84	10	5	B03	1147.93	95	3	2
A04	1060.46	84	10	6	B04	1187.14	95	3	2
A05	1994.34	84	10	6	B05	4920.56	95	3	2
A06	1692.95	83	10	6	B06	2939.7	95	3	2
A07	646.42	83	10	6	B07	1690.63	94	3	2
A08	626.12	83	10	6	B08	1447.97	94	3	2
A09	6042.18	81	12	6	B09	1426.74	94	3	2
A10	595.26	83	10	7	B10	1869.89	94	3	3
A11	438.24	83	10	7	B11	2532.91	94	3	3
A12	2536.34	78	15	7	B12	1132.16	92	5	3
A13	1206.08	77	15	8	B13	656.26	93	4	3
A14	1664.03	78	14	8	B14	1367.59	93	3	4
A15	354.4	82	10	8	B15	605.72	93	3	4
A16	1157.76	77	16	8	B16	1614.22	93	3	4
A17	759.05	82	10	8	B17	754.12	92	3	4
A18	4104.7	76	16	8	B18	1721.36	92	3	5
A19	516.85	81	10	9	B19	2542.65	90	6	5
A20	1233.65	80	10	10	B20	987.13	91	3	5
A21	2032.1	80	10	10	B21	32274.7	90	4	5

患者代码	治疗费用总额	医疗保险实际报销比例	救助金额占治疗费用总额比重	个人自付占治疗费用总额比重	患者代码	治疗费用总额	医疗保险实际报销比例	救助金额占治疗费用总额比重	个人自付占治疗费用总额比重
A22	12585.45	76	13	11	B22	3573.09	91	3	6
A23	2317.97	67	22	11	B23	2446.58	90	3	6
A24	1853.58	75	13	12	B24	1391.43	87	7	6
A25	685.82	58	28	14	B25	715.97	80	10	11
A26	3639.54	67	18	15	B26	495.18	45	22	33
A27	1617.7	68	17	15					
A28	1113.95	64	20	16					
A29	391.49	41	41	18					
A30	1699.17	55	17	28					
A31	372.99	43	24	33					

资料来源：依据《2015—2016年度都镇湾镇贫困人口享受医疗救助名单》整理。

此外，县卫计局还结合卫生计生行业特点精准施策，开展"送医、送药、送服务"等一系列健康扶贫活动。具体包括：发放医疗保健知识宣传资料，机关干部结对帮扶特困家庭，为计生家庭购买意外伤害保险，向农村贫困儿童免费发放营养包，对农村妇女开展"两癌"免费筛查，发放农村孕产妇住院分娩补助。此外，提高计划生育家庭补助标准，落实失独家庭一次性抚慰金，2016年计划生育失独家庭补偿标准由340元/月提高到500元/月；计划生育伤残家庭补助标准由270元/月提至400元/月。确认农村部分计划生育家庭奖励扶助对象，落实计划生育手术并发症人员扶助政策。[1] 在调研组入户进行问卷调查时，

---

[1] 长阳土家族自治县卫生和计划生育局：《长阳推进健康扶贫工作情况汇报》，2016年12月30日。

也确实发现有部分贫困户享受了计划生育手术并发症人员救助。2015年8月24日，县卫计局在璞岭村开展了精准扶贫"六送到户"送卫生下乡活动。卫计局"送卫生下乡"医疗卫生服务团队由内科、外科、中医科、妇产科、康复科、五官科、妇幼保健、B超、心电图、健康教育宣传等专家共计20余人组成。活动内容就是为村民免费开展义诊活动，包括卫生保健咨询、健康教育指导和卫生计生政策宣传。[①]

（三）临时救助

2016年5月30日通过的《长阳土家族自治县临时救助实施办法（试行）》规定，临时救助的对象为长阳土家族自治县常住人口因急难性贫困、支出型贫困和其他特殊因素导致生活困难，其他社会救助制度暂时无法覆盖，或救助之后基本生活仍有严重困难的家庭和个人。具体对象范围如下。①急难性贫困对象：因火灾、交通事故、工伤事故、沉船、矿难、溺水等意外事件造成家庭基本生活暂时出现严重困难的；因突发性疾病等短时间内无法得到家庭成员和亲友援助导致基本生活难以维持的。②支出型贫困对象：最低生活保障户和建档立卡户（不包括特困供养人员）因下列情形导致生活必需支出突然增加，造成基本生活暂时困难的。一是因家庭成员患重特大疾病经基本医疗报销、大病保险赔付、医疗救助、"壹佰基金"大病救助及其他救

---

① 长阳土家族自治县卫生和计划生育局：《精准扶贫"六送到户"送卫生下乡活动方案》，2015年7月31日。

助后个人负担合规费用仍然较重，导致基本生活难以维持的；二是因子女教育支出经其他专项救助后仍然难以维持基本生活的。③县人民政府确定的其他特殊困难家庭。

璞岭村因地理环境的限制，易发多发山洪、风灾和雪灾，灾害对村内贫困户和低收入家庭的影响较大。因此，社会救助制度中的临时救助也构成了兜底保障的重要组成部分。根据村委会的统计，2017年璞岭村发放了民政部门拨付的冬荒、临时救助资金31500元，用于救助全村58户166人遭遇的低温冷冻灾害（见表3-11）。

表3-11　2017年璞岭村（冬荒、临时救助）资金到户分配情况

单位：人，元

组别	贫困户编号	救助人口	救助金额	受灾类型	组别	贫困户编号	救助人口	救助金额	受灾类型
1	A1	6	1500.00	低温冷冻	2	B3	6	1000.00	低温冷冻
1	A2	4	1200.00	低温冷冻	2	B4	4	500.00	低温冷冻
1	A3	3	1000.00	低温冷冻	2	B5	4	500.00	低温冷冻
1	A4	3	500.00	低温冷冻	2	B6	4	500.00	低温冷冻
1	A5	4	500.00	低温冷冻	3	C1	4	1000.00	低温冷冻
1	A6	2	500.00	低温冷冻	3	C2	2	800.00	低温冷冻
1	A7	2	500.00	低温冷冻	3	C3	3	800.00	低温冷冻
1	A8	2	300.00	低温冷冻	3	C4	2	500.00	低温冷冻
2	B1	4	1200.00	低温冷冻	3	C5	2	500.00	低温冷冻
2	B2	4	1000.00	低温冷冻	4	D1	4	500.00	低温冷冻

组别	贫困户编号	救助人口	救助金额	受灾类型	组别	贫困户编号	救助人口	救助金额	受灾类型
4	D2	6	400.00	低温冷冻	6	F6	4	300.00	低温冷冻
4	D3	3	400.00	低温冷冻	7	G1	4	1000.00	低温冷冻
4	D4	2	300.00	低温冷冻	7	G2	4	500.00	低温冷冻
4	D5	2	300.00	低温冷冻	7	G3	2	500.00	低温冷冻
4	D6	2	300.00	低温冷冻	7	G4	2	400.00	低温冷冻
4	D7	2	300.00	低温冷冻	7	G5	2	400.00	低温冷冻
4	D8	2	300.00	低温冷冻	7	G6	2	400.00	低温冷冻
4	D9	2	300.00	低温冷冻	7	G7	4	400.00	低温冷冻
5	E1	2	400.00	低温冷冻	7	G8	2	400.00	低温冷冻
5	E2	2	400.00	低温冷冻	7	G9	4	300.00	低温冷冻
5	E3	2	400.00	低温冷冻	8	H1	4	1000.00	低温冷冻
5	E4	2	400.00	低温冷冻	8	H2	2	500.00	低温冷冻
5	E5	2	400.00	低温冷冻	8	H3	5	500.00	低温冷冻
5	E6	2	300.00	低温冷冻	8	H4	3	500.00	低温冷冻
6	F1	4	600.00	低温冷冻	8	H5	1	500.00	民政救助
6	F2	1	500.00	低温冷冻	8	H6	1	500.00	民政救助
6	F3	1	500.00	低温冷冻	8	H7	1	500.00	民政救助
6	F4	2	400.00	低温冷冻	8	H8	3	400.00	低温冷冻
6	F5	3	400.00	低温冷冻	8	H9	3	400.00	低温冷冻

资料来源：精准扶贫精准脱贫百村调研璞岭村调研。

(四) 残疾人保障

残疾人由于缺乏必要的生活自理能力和劳动能力,被学术界称为贫困对象中的内核,属于精准扶贫中帮扶难度最大的一类群体。残疾人,尤其是重度残疾人难以通过扶贫产业实现脱贫致富,这一群体的基本生活只能依托兜底保障。以2017年璞岭村残疾人享受兜底保障的情况为例,全村有62名残疾人(见表3-12),其中,一级残疾16人(享受农村低保救助的为8人、领取残疾人生活补贴的为13人);二级残疾18人(享受农村低保救助的为13人、领取残疾人生活补贴的为16人);三级残疾10人(享受农村低保救助的为5人、领取残疾人生活补贴的为1人);四级残疾16人(享受农村低保救助的为6人、领取残疾人生活补贴的为1人)。

总体而言,璞岭村结合长阳土家族自治县在养老、医疗、社会救助等方面的政策规定,将村内处于绝对贫困状况的特殊贫困人员纳入了社会保障兜底救助范围之中。在兜底保障中,璞岭村并没有获得特殊的政策优惠,都是按照长阳土家族自治县的统一政策内容实施。但是,得益于长阳土家族自治县是农村合作医疗的发源地的优势,贫困户在新农合报销以及医疗救助方面获得的救助幅度相比其他社会救助项目更大。

表3-12 2017年濮岭村残疾人享受兜底保障情况一览

组别	人员编号	残疾类型	残疾等级	是否低保	是否有人照管	是否领取生活补贴
1	A1	聋哑	一	×	√	√
1	A2	聋哑	一	√	√	√
1	A3	聋哑	三	×	√	×
1	A4	听力	一	×	√	×
1	A5	聋哑	一	×	√	√
1	A6	聋哑	一	√	√	√
1	A7	智力	四	√	√	×
1	A8	智力	二	√	√	√
1	A9	智力	一	×	√	√
1	A10	视力	三	√	√	√
1	A11	肢体	三	×	√	×
2	B1	智力	一	√	√	×
2	B2	聋哑	四	×	√	√
2	B3	视力	四	×	×	×
2	B4	视力	二	√	√	√
2	B5	智力	三	√	×	×
2	B6	智力	二	×	√	√
2	B7	肢体	二	√	√	√
2	B8	肢体	四	√	×	×
2	B9	肢体	四	√	×	×
2	B10	肢体	二	√	√	√
3	C1	肢体	四	√	×	×
3	C2	精神	三	√	√	×
3	C3	肢体	四	√	×	×
3	C4	肢体	三	×	×	×
4	D1	视力	四	√	×	×
4	D2	智力	一	√	√	√
4	D3	听力	二	√	√	√
4	D4	精神	二	√	√	√
4	D5	听力	二	√	√	√
4	D6	听力	二	×	×	×
4	D7	听力	三	×	×	×

组别	人员编号	残疾类型	残疾等级	是否低保	是否有人照管	是否领取生活补贴
4	D8	视力		√	×	×
5	E1	听力	一	×	√	√
5	E2	肢体	四	√	√	√
5	E3	肢体	三	×	×	×
5	E4	肢体	四	×	×	×
5	E5	听力	四	×	×	×
5	E6	听力	一	×	√	√
6	F1	肢体	二	√	√	×
6	F2	肢体	二	×	×	×
6	F3	肢体	四	×	×	×
7	G1	肢体	四	×	×	√
7	G2	精神	一	√	√	×
7	G3	肢体	四	×	×	×
7	G4	视力	一	×	√	×
7	G5	肢体	四	×	×	×
7	G6	视力	三	×	√	×
7	G7	听力	三	×	√	√
7	G8	肢体	二	√	√	√
7	G9	视力	三	×	×	×
7	G10	精神	二	√	√	√
8	H1	肢体	一	√	√	√
8	H2	听力	二	√	×	√
8	H3	听力	一	√	√	√
8	H4	精神	二	√	√	√
8	H5	肢体	二	×	√	√
8	H6	智力	一	√	√	√
8	H7	肢体	三	×	√	√
8	H8	肢体	四	√	×	×
8	H9	肢体	四	×	√	×
8	H10	视力	一	√	√	√

资料来源：精准扶贫精准脱贫百村调研碗窑村调研。

七 社会扶贫资源补充帮扶效果显现

除了获得政府主导的主要由财政供款的扶贫项目外，璞岭村也获得了来自政府部门干部自发组织的公益捐款、"英子姐姐"助学团队、《武汉晚报》甘金华慈善圈等社会资源的帮扶。2015年下半年，"英子姐姐"助学团队、《武汉晚报》甘金华慈善圈资助璞岭村6名大学生5.7万元[①]。2016年8月，湖北省妇女儿童发展基金会"金凤工程"对璞岭村的1名大学新生进行了资助。在医疗救助方面，长阳土家族自治县"大病关爱壹佰基金"[②]对璞岭村内患重病的贫困户进行救助，资助金额3000元。在临时救助方面，2016年，民政局为因暴雨洪灾房屋受损的贫困户提供应急生活救助资金5525元。农业局组织职工自发筹款为璞岭村贫困户送去肥料10吨，县民政局为贫困户赠送棉衣棉被150套。2017年春节，包村部门县扶贫办对全村28户建档立卡贫困户进行了慰问，为每一个慰问对象提供了1袋大米和4斤面条。

长阳土家族自治县的另一项社会扶贫体现为通信扶贫。借鉴恩施土家族苗族自治州"惠贫卡"的帮扶做法，长阳土家族自治县的电信部门也推行了这一帮扶措施。"惠贫卡"是电信公司针对建档立卡贫困户家庭成员出

---

① 2015年8月，"英子姐姐"助学团队一行4人进行入户调查帮扶大学生，救助对象主要是应届高中毕业生，考入一本、二本院校的新生，经过调查核定，当年共有6位学子获得"英子姐姐"助学团队的帮扶，每人资助资金为5000元。

② 这一基金是由全县机关事业单位公职人员自发的每人每月从工资中拿出100元，组成长阳土家族自治县用于帮扶贫困户（因病致贫）的一项基金。

台的优惠套餐卡，贫困户只需要每月缴纳 1 元，就可以免费获赠每月 20 元话费，享受 20 元 / 月套餐，包括 60 分钟通话、60 条短信和 120M 流量。为有效实现精准扶贫，长阳土家族自治县与电信公司达成"公务员用手机，农村贫困户免费用话费"合作协议。全县公务员中的电信用户，均可获得一个通信扶贫"一帮一"名额。捐赠话费的公务人员，由扶贫办根据建档立卡扶贫对象进行匹配。

拓展社会帮扶参与机制，坚持"政府主导，多元投入，社会参与和群众资助创业"原则，采取全范围、多途径、多载体扶贫方式，积极构建多元化、社会化"大扶贫"格局。

八 集体经济发展步入起步阶段

精准扶贫的实施，也让璞岭村获得了发展集体经济的机会。虽然璞岭村有很多集体山林，但是长期以来，村民并没有对集体资产进行经营以增加村集体的经济收入。这也是村委会没有资金兴建村内公共设施、增加公共福利的重要原因。例如，璞岭村是全镇森林覆盖面积较大的村庄，森林防火的难度特大。2014 年 10 月，村委会决定在林带最广、覆盖面最大的木岔佬山脊梁砍出一条 6 米宽的防火带，所需木工工资 22780 元，因村内无法解决资金问题，只能申请动用本村的公益林补偿款。

按照贫困村脱贫的精准脱贫考核标准,一村要有至少一项集体经济收入。长阳土家族自治县根据上级政府的统一规划,决定在全县重点贫困村发展光伏发电项目,以解决贫困村没有集体经济收入的难题。国家电网公司决定投资 200 万元为璞岭村援建 200 万千瓦光伏发电站一座,可实现年村集体经济收入 10 万元左右。2017 年5 月 1 日,璞岭村村民代表大会正式讨论了该村发展光伏发电的实施方案。光伏发电项目主要是帮助贫困村增加村集体经济收入,因而将来可以有一笔固定收入来实施全村的一部分公益事业项目,用于建设所需资金的投入。在调研中,笔者向村干部询问光伏发电集体经济收入的用途时,他们认为光伏发电每年创造的 10 万元左右收入可以用于村内集体事业建设、化解村内债务,以及为村民的急难灾害等提供一定的帮扶。根据技术部门的勘察,最终决定在璞岭村 8 组的荒田湾架设光伏发电的设备。由于光伏板安装场地需要平整为 10° 的斜坡,因此,该项工程也在村内开展了竞争性谈判以确定施工方。但是该项目的租地费用和土地平整费用共需 10 万元资金,璞岭村无法支出,因此,该村申请镇政府来解决光伏发电所需的 10 万元费用问题。①

由于国家对于光伏扶贫项目的实施、光伏发电并网等有统一的规划,因此,璞岭村可以获得稳定的集体经济收入。光伏发电扶贫项目的日常管理和运营成本较

① 《璞岭村村委会关于请求解决光伏扶贫租地及场地平整资金的请示》,2017 年4 月 24 日。

低，且由电力公司专业人员负责维护，因而对于璞岭村而言，光伏发电扶贫项目能够实现村集体经济收益的最大化。

第二节　精准扶贫建档立卡贫困户受助情况

一　脱贫户享受精准扶贫政策情况

通过全面实施精准扶贫措施，璞岭村于 2015 年实现 9 户 27 人脱贫。9 户贫困户的人均可支配收入水平均超过了国家贫困线标准。2015 年脱贫户的致贫原因主要是因病、因灾和因学。帮扶措施也以发展茶叶和药材、"消茅"与危房改造、低保救助为主（见表 3-13）。分析脱贫帮扶措施发现，2015 年实现脱贫的 9 户贫困户贫困程度并不深，产业发展无法在当年实现增收（新栽茶树和药材幼苗无法当年收获），而其他危房改造补助款通常不能变成可支配收入。因此，精准扶贫帮扶措施的主要作用在于帮助 2015 年的脱贫户改善家庭居住条件和发展潜力，而人均可支配收入的增长并超过国家贫困线主要还是靠贫困户家庭成员的自主劳动实现的。就这一特点来看，精准扶贫措施真正起到了帮扶而非"全兜"的作用，能够实现贫困户自主发展与政府适度扶助的平衡关系。

表 3-13　璞岭村 2015 年农村贫困人口脱贫情况

单位：人，元 / 年

户主编号	建档立卡贫困人口数	致贫原因	人均可支配收入	脱贫帮扶措施
A1	4	因病、因学	4355	茶叶 2 亩、"消茅"补助 30000 元
A2	3	因灾	4117	茶叶 5 亩、低保救助 5040 元、"消茅"补助 30000 元
A3	3	因病	4230	"消茅"补助 30000 元
A4	3	因灾	4300	茶叶 2 亩、危房改造补助 7500 元
A5	3	因学	7553.3	茶叶 1 亩、危房改造补助 7500 元、安全饮水改造
A6	3	因病	7413.3	茶叶 1 亩、危房改造补助 7500 元、安全饮水改造
A7	5	因病	4710	茶叶 2 亩、危房改造补助 7500 元、安全饮水改造
A8	2	因病	4520	独活 4 亩、低保救助 1680 元
A9	1	因病	4100	低保救助 1680 元、计生优抚补助 960 元

资料来源：依据《都镇湾镇璞岭村 2017 年脱贫攻坚作战手册》整理得到。

2016 年璞岭村农村经济总收入 1011 万元，人均纯收入 3140 元。建档立卡贫困人口为 219 户 665 人，其中，低保 147 户 167 人，五保 13 人。2016 年，全村实现贫困户脱贫 50 户 145 人。相比 2015 年脱贫户的人均可支配收入水平，2016 年璞岭村 50 户脱贫户的人均可支配收入显著超过 2015 年（见图 3-1）。究其原因，主要是 2016 年脱贫户获得精准扶贫的帮扶力度更大。第一，在产业扶持方面，2016 年脱贫户新栽茶叶面积普遍高于 2015 年。2015 年脱贫户发展茶叶的规模基本是 1~2 亩，而 2016 年脱贫户新栽茶叶面积普遍在 4 亩以上，处于 4~10 亩。2016 年脱贫户种植药材的面积同样要大于 2015 年的脱贫户。第二，2016 年脱贫户享受了贴息贷款的户数和规模要远超 2015 年。2015

年的脱贫户均未获得小额贴息贷款，而2016年50户脱贫户中有22户获得了小额贴息贷款。第三，2016年脱贫户享受危房改造的人数更多。第四，来自"英子姐姐"助学团体等的社会帮扶资源在2016年有明显增加。总体而言，2016年脱贫户获得的扶持资金更多，意味着贫困户家庭自有资金支出的规模可以有很大幅度的减少。贫困户从农业生产或务工经营等活动中获取的收入可以实现家庭可支配收入的快速提升。

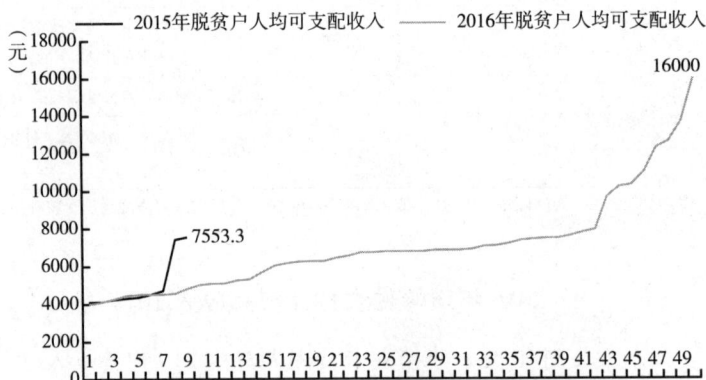

图3-1 璞岭村2015年和2016年脱贫户人均可支配收入水平

资料来源：依据《都镇湾镇璞岭村2017年脱贫攻坚作战手册》整理得到。

除了上述已经实现脱贫的贫困户获得了精准扶贫政策待遇之外，璞岭村自2015年以来已经持续在产业发展、住房建设、（社会保障）政策兜底、大病救助、生态补偿、助学启智等方面为精准扶贫建档立卡贫困户提供扶持（见表3-14）。可以发现，产业发展与生态补偿是璞岭村贫困户受益面最广的两个政策。以2015年璞岭村227户贫困户为计算基准，2015~2017年，璞岭村历年参与产业发展的贫困户占比分别为77.5%、86.3%和89.9%。由于璞岭村地处山区，生态补偿是全村村民基本享有的一项政府转移收入。另外，2015~2017 年三年间，社会保障政策兜底救助的户数逐年递增。

表 3-14　都镇湾镇璞岭村贫困户帮扶措施汇总

帮扶措施	2015 年		2016 年		2017 年	
	户数	人数	户数	人数	户数	人数
产业发展	176	409	196	588	204	611
住房建设	37	94	85	246	80	276
政策兜底	85	246	160	180	167	334
大病救助	1	1	0	0	3	3
生态补偿	156	479	156	479	156	479
助学启智	46	48	48	52	62	67
合计	501	1277	645	1545	672	1770

资料来源：《都镇湾镇璞岭村 2017 年脱贫攻坚作战手册》。

二　建档立卡贫困户与非贫困户家庭收支比较

调研组按照中国社会科学院国情调研特大项目"精准扶贫精准脱贫百村调研"课题组统一制定的抽样方法（此处不再详细介绍），于 2017 年 6 月在湖北省长阳土家族自治县璞岭村完成家庭问卷抽样调查，共计回收有效家庭问卷 63 份，其中，建档立卡贫困户家庭问卷 33 份，非贫困户家庭问卷 30 份，分别占 52.4% 和 47.6%。受访者具体情况详见本章第三节"璞岭村精准扶贫成效主观评价"。

为了从微观层面分析精准扶贫战略实施之后建档立卡

贫困户的家庭收支变化，以及建档立卡贫困户与非贫困户家庭收支之间的差距和收入结构是否因精准扶贫而产生积极效应，本文在此使用问卷调查数据进行实证分析。

（一）家庭收入总体水平

基于调查问卷的数据进行实证检验发现，非贫困户受访家庭的收入水平总体上要高于建档立卡贫困户受访家庭（见表3-15）。非贫困户受访家庭的平均年度纯收入为36583.28元，是建档立卡贫困户的2.19倍。贫困户与非贫困户的收入状况依然存在差距。并且，从总收入的标准差来看，非贫困户受访家庭间的收入差距要比贫困户受访家庭间的收入差距更大。

在家庭支出方面，建档立卡贫困户受访家庭的支出水平总体上低于非贫困户受访家庭，但这种差距要比收入上的差距小。综合家庭的收入与支出情况来看，建档立卡贫困户的家庭纯收入要低于当年总支出，纯收入占总支出的比重为82.10%，其中入不敷出情况最严重的受访家庭的总收入占总支出比重仅为12.12%。而非贫困户受访家庭的年度总收入总体上要超过总支出，总收入占总支出比重的平均值为141.24%。

总体而言，建档立卡贫困户的收入水平和支出水平总体上均低于非贫困户，但是从建档立卡贫困户总收支的最大值指标也可以发现，部分建档立卡贫困户已经在收入上实现了脱贫，并且摆脱了入不敷出的情况，能够实现家庭收支盈余。

表 3-15 璞岭村建档立卡贫困户和非贫困户 2016 年度家庭收支情况

变量	建档立卡贫困户					非贫困户				
	样本量（个）	均值	标准差	最小值	最大值	样本量（个）	均值	标准差	最小值	最大值
纯收入（元）	33	16712.81	11692.25	2357.00	47100.00	29	36583.28	31749.20	5880.00	172040.00
总支出（元）	33	20356.06	9499.73	7300.00	42000.00	30	25902.00	12041.18	8440.00	55560.00
总收入占总支出比重（%）	33	82.10	59.80	12.12	281.50	29	141.24	94.72	33.79	479.75
收入项占比（%）										
工资	29	0.00	0.00	0.00	0.00	26	9.98	28.49	0.00	100.60
农业经营	33	59.96	35.00	8.71	169.71	29	72.54	72.09	0.00	373.74
非农经营	33	12.37	16.15	0.00	58.14	29	10.14	20.39	0.00	97.98
财产	33	1.51	8.66	0.00	49.77	29	1.00	3.44	0.00	16.95
赠养	33	1.16	6.66	0.00	38.26	29	2.96	9.33	0.00	44.18
低保	33	8.05	14.13	0.00	59.36	29	0.73	3.37	0.00	17.94
医疗报销	33	26.23	34.31	0.00	115.46	29	16.20	20.76	0.00	80.13
养老金	33	7.63	9.00	0.00	36.29	29	5.42	9.27	0.00	32.74

续表

变量	建档立卡贫困户					非贫困户				
	样本量（个）	均值	标准差	最小值	最大值	样本量（个）	均值	标准差	最小值	最大值
礼金	33	0.23	1.07	0.00	5.94	29	2.01	10.82	0.00	58.28
惠衣等补贴	33	9.81	8.75	0.81	30.70	29	4.70	5.73	0.00	22.11
支出项占比（%）										
食品	33	45.21	18.11	17.36	80.83	30	41.82	17.78	2.70	75.00
自负医疗费	33	26.49	19.62	0.00	71.43	30	17.46	16.15	0.00	55.45
教育	33	14.08	25.13	0.00	73.33	30	18.65	24.57	0.00	64.06
养老保险缴费	33	1.69	1.19	0.00	4.00	30	2.87	4.54	0.00	24.15
医疗保险缴费	33	1.99	1.14	0.00	4.96	30	1.68	0.72	0.62	2.90
礼金	33	9.28	7.50	0.00	35.59	30	15.24	10.13	0.00	38.46

注：①"总收入占总支出比重"这一指标意在观察家庭在观察收入是否超过支出，例如，占比超过100%则意味着家庭有结余；占比低于100%则意味着家庭入不敷出。②医疗报销费用属于医疗保险基金为家庭承担的一部分医疗费用支出，由于这部分费用未由家庭自负，因此也可以被视为家庭的一项收入。③本表格主要侧重于比较贫困户和非贫困户的家庭收支结构差异，因此将数据处理为人均收支。

（二）家庭收入结构情况

从收入结构来看，建档立卡贫困户受访家庭还没有工资性收入，而非贫困户中有 9.98% 的受访家庭拥有工资性收入。农业经营收入均为建档立卡贫困户和非贫困户的主要收入来源，建档立卡贫困户受访家庭的这一收入来源占比 59.96%，而非贫困户受访家庭的农业经营收入占比为 72.54%。非贫困户受访家庭的经营性收入占比更高。低保金、医疗报销费用、惠农补贴等收入来源对建档立卡贫困户受访家庭经济收入的影响更大，占家庭收入的比重合计为 44.09%。而非贫困户上述 3 项收入占总收入的比重均低于建档立卡贫困户，累计比重为 21.63%。比较分析发现，低保金、医疗报销费用和惠农补贴等对建档立卡贫困户具有更积极的增收效应。建档立卡贫困户的转移性收入明显提高，而大额医疗报销费用也较明显地减轻了建档立卡贫困户的支出负担。

（三）家庭支出结构情况

从支出结构来看，建档立卡贫困户受访家庭的食品支出占比略高于非贫困户，分别为 45.21% 和 41.82%。这意味着璞岭村村民的恩格尔系数依然整体偏高。并且，食品支出是两种类型家庭的主要支出项目。但是相对而言，建档立卡贫困户的自负医疗费用占比为第二大支出，但非贫困户受访家庭的第二大支出项目则是教育。尽管教育和自负医疗费用均为两种类型家庭的第二大和第三大支出项目，但是比较发现，建档立卡贫困户用于医疗的支出更多，而非贫困户用于教育的支出更多。这一支出结构表明，建档立卡贫困户"因病致贫"的风险确实要高于非贫困户家庭，而非贫困户则将支出重心用在了教育上。这种结构差异一方面反映了不同类型家庭发展能力和发展观念的差异（非贫困户更加重视子女教育）；另一方面也反映了这是导致建档立卡贫困户身陷贫困且与非贫困户发展差距越来越大的原因。贫困户用于健康修复的负担很重，这属于事后补救型支出。而非贫困户用于子女教育的负担相比更重，但却属于投资型支出。此外，两类家庭参加城乡居民养老保险和医疗保险的负担相对较轻。而且，由于非贫困户的缴费能力较强，因而非贫困户受访家庭用于养老保险缴费的支出占比略高于建档立卡贫困户。

基于 2016 年璞岭村两类家庭的收支状况实证分析发现，精准扶贫战略实施以来，璞岭村建档立卡贫困户受访家庭的收入水平总体有了提升，并且获得的政府转移性收入也显著高于非贫困户受访家庭。此外，医疗报销费用也对建档立卡贫困户产生很大的减贫效应。低保金和其他惠农补贴等也对建档立卡贫困户产生了显著的增收效应。

截至调研组实地调查时，璞岭村规划 2017 年脱贫 160户 493 人，实现全村脱贫销号目标。尽管这一规划与早期计划全村于 2016 年和全镇一道全面建成小康社会的目标存在差距，但随着规模化扶贫产业逐步进入收获期，加之危房改造、集中安置、社会事业建设等多项扶贫工程的推进，璞岭村实现脱贫"摘帽"的基础越来越扎实。按照规划，璞岭村将2017年脱贫销号的贫困户分为四个层次：政策兜底9户，极贫重扶17户，精准施策11户，产业奖扶123户。具体脱贫规划措施包括7项：基础设施保障（安全饮水管道到户、农网改造、修路），收入保障（务工收入、低保救助、养殖业收入、茶叶经营收入等），教育保障（安排贫困户家庭上学子女申报扶贫助学金、"英子姐姐"助学帮扶款等），医疗保障（全部纳入新农合），住房保障（集中安置和危房改造），养老保障（参加城乡居民社会养老保险、发放老年残疾人生活补贴），生活保障（农村低保救助）。

经过帮扶部门和璞岭村"两委"班子的主动作为，在贫困户的积极参与下，璞岭精准扶贫攻坚团队（责任单位：县扶贫办）荣获2014~2015年度"感动长阳十大人物"特别奖（先进集体一共5个）。2017年3月，璞岭村获得由都镇湾镇党委、人民政府颁发的2016年度村级综合目标考核三等奖。

第三节　璞岭村精准扶贫成效主观评价

精准扶贫战略的实施，构筑了新时代我国农村反贫困政策体系，以"五个一批"为基础的反贫困政策协同框架，将党委、政府、市场、社会、家庭、个人多方主体的资源协同整合到中国农村反贫困战役中。精准扶贫既是一次多维度、多类型资源的再配置，也是一场多主体、多诉求的社会治理。正因如此，如何评估精准扶贫的反贫困效果一直备受国内外学者和党政决策部门的关注。国内很多学者基于局部的统计数据或精准扶贫案例对一定区域或某种政策的反贫困效果进行了评估，这些评估内容包括财政投入力度、收入分配效应、地区发展能力变动、产业规模化程度等。但值得重视的是，作为政策的施行对象和政策参与者、受益者，他们对政策效果的主观评价也是不可忽视的评估视角。实际上，精准扶贫战略的实施，还需要考虑到同一地区非贫困户或者低收入但不属于精准扶贫对象这些群体的主观评价。为此，本文基于调研组于 2017 年 6 月在璞岭村进行的问卷调查数据，尝试探索该村贫困户和非贫困户对精准扶贫政策的看法。

一　问卷数据基本情况

调研组按照中国社会科学院国情调研特大项目"精准扶贫精准脱贫百村调研"课题组统一制定的抽样方法（此处不再详细介绍），于 2017 年 6 月在湖北省长阳土家族自治县璞岭村完成家庭问卷抽样调查，共计回收有效家庭问卷 63 份，其中，建档立卡贫困户家庭问卷 33 份，非贫困户家庭问卷 30 份，分别占 52.4% 和 47.6%。受访者个人基本情况详见表 3-16。总体而言，受访者男女比例为 65.1% 和 34.9%。受访者年龄以中老年为主，50 岁及以上的受访者累计比例为 74.6%，这也与村内年轻人多外出务工相关。相对非贫困户而言，贫困户受访者中 60 岁及以上人口占比更高。这在一定程度上表明，老年人口占比高的家庭更容易发生贫困。从民族类别来看，受访者中 96.8% 的人是土家族，这一比例与璞岭村人口结构基本一致。在婚姻状态方面，85.7% 的受访者属于已婚。但是相比非贫困户而言，贫困户受访者中未婚的比例为 9.1%，远高于非贫困户。在受教育水平方面，非贫困户受访者中小学水平的人数占比为 40.0%，远低于贫困户受访者 72.7% 的比例；而非贫困户受访者接受了初中和高中教育的人数比例分别为 43.3% 和 13.3%，也远高于贫困户受访者。但总体而言，璞岭村受访者的受教育水平不容乐观，仅有 7.9% 的人接受过高中教育。在家庭人口数方面，璞岭村受访家庭中，家庭人口数为 4 人的占比最高，为 28.6%，而人口规模为 3~5 人的受访家庭占比 63.5%。因此，可以看出，璞岭村仍然以核心家庭类型为主。相比贫困户而言，非贫困户家庭人口数在 5 人及以上的比例更高，为 53.4%；而贫困户同规模的受访家庭占比 27.3%。总体而言，问卷调查数据符合璞岭村的村情，可以对受访者进行精准扶贫政策效果的评估。

表3-16　璞岭村2017年家庭问卷受访者个人基本情况

单位：%，人

组　别		总体		贫困户		非贫困户	
		百分比	频数	百分比	频数	百分比	频数
性别	男	65.1	41	66.7	22	63.3	19
	女	34.9	22	33.3	11	36.7	11
年龄	49岁及以下	25.4	16	30.3	10	20.0	6
	50~59岁	38.1	24	21.2	7	56.7	17
	60岁及以上	36.5	23	48.5	16	23.3	7
民族	汉族	3.2	2	—	—	6.7	2
	土家族	96.8	61	100.0	33	93.3	28
婚姻状态	已婚	85.7	54	84.8	28	86.7	26
	未婚	6.3	4	9.1	3	3.3	1
	离异	1.6	1			3.3	1
	丧偶	6.3	4	6.1	2	6.7	2
受教育水平	文盲	3.2	2	3.0	1	3.3	1
	小学	57.1	36	72.7	24	40.0	12
	初中	31.7	20	21.2	7	43.3	13
	高中	7.9	5	3.0	1	13.3	4
社会身份	离退休干部职工	1.6	1			3.3	1
	村民代表	6.3	4	6.1	2	6.7	2
	普通农民	92.1	58	93.9	31	90.0	27
家庭人口数	1人	3.2	2	6.1	2	—	—
	2人	12.7	8	15.2	5	10.0	3
	3人	15.9	10	21.2	7	10.0	3
	4人	28.6	18	30.3	10	26.7	8
	5人	19.0	12	12.1	4	26.7	8
	6人	9.5	6	9.1	3	10.0	3
	7人	11.1	7	6.1	2	16.7	5

二 生活基本条件评价

调查问卷数据一方面展现了贫困户和非贫困户的实际生活状况和发展能力情况；另一方面可以测量贫困户和非贫困户对同一扶贫政策效果评价的差异。根据问卷结构，本文从两类受访家庭的生活基本条件、生活水平评价、扶贫效果满意度等角度对璞岭村的贫困户和非贫困户进行比较分析。

在住房状况方面，非贫困户受访者认为自家住房状况一般和良好的占比为73.3%，而建档立卡贫困户受访者持此观点的人数占比仅为48.5%。与此同时，建档立卡贫困户表示自家房屋为政府认定危房的占比33.3%，远高于非贫困户受访者的比例（6.7%）。在住房满意度评价方面，总体而言，非贫困户对住房状况表示满意的人数比例（非常满意和比较满意的累计比例）要高于建档立卡贫困户，分别为46.7%和39.4%。而对住房状况表示不满意的人数比例（不太满意和很不满意的累计比例），非贫困户要显著低于建档立卡贫困户，分别为33.4%和48.5%。"消茅"、危房改造和集中安置是璞岭村精准扶贫政策措施的重要组成部分，针对饮水安全方面，建档立卡贫困户的受访者中，表示家中使用经过净化处理的自来水和受保护的井水、泉水的人数占比均为9.1%，均远低于非贫困户受访者比例（见表3-17）。值得注意的是，由于璞岭村地处高山，水质很好，因此村里大多数家庭使用的是山泉水。

表 3-17 璞岭村主要饮用水源

单位：%

组别	经过净化处理的自来水	受保护的井水和泉水	不受保护的井水和泉水
建档立卡贫困户	9.1	9.1	81.8
非贫困户	16.7	20.0	63.3
合计	12.7	14.3	73.0

在入户路类型方面，截至 2017 年 6 月，建档立卡贫困户和非贫困户的入户路类型仍以泥土路为主，但是建档立卡贫困户受访者选择泥土路的比例更高，比非贫困户受访者高出 14.8 个百分点。而在水泥或柏油路方面，贫困户和非贫困户的差异并不明显，非贫困户受访者选择比例略高（见表 3-18）。这表明，一方面，璞岭村 2015 年以来在加强产业基地道路建设的过程中，提升了部分贫困户的入户道路质量；另一方面，由于山区道路建设成本高，在有限的投入下，璞岭村在精准扶贫初期阶段仍然是将重心放在修通道路方面，全村道路硬化工程要相对滞后。

表 3-18 璞岭村入户路类型

单位：%

组别	泥土路	砂石路	水泥或柏油路
建档立卡贫困户	84.8	3.0	12.1
非贫困户	70.0	13.3	16.7
合计	77.8	7.9	14.3

三 生活水平评价

总体而言，建档立卡贫困户受访者对生活状况的总体满意度呈现"倒 U"形态势,即表示满意和不满意的人数比例均高于非贫困户受访者。具体来看,建档立卡贫困户受访者表示满意(包含非常满意和比较满意)的人数占比为 48.5%;而非贫困户受访者表示满意的人数占比则为 43.4%。建档立卡贫困户受访者表示不满意(包括不太满意和很不满意)的人数占比为 36.4%;而非贫困户受访者表示不满意的人数占比则为 26.7%(见表 3-19)。其可能与建档立卡贫困户享受扶贫政策待遇的时间顺序和扶贫政策扶持力度、效果有关。从不同年龄层次的受访者来看,年龄越大的受访者对生活状况的总体满意度评价相对越高。相反,年龄越小的受访者对生活状况的总体满意度评价相对越低;49 岁及以下年龄层的受访者表示不满意的人数占比高达 62.5%,显著高于其他两个年龄层的受访者。究其原因,老年人对生活状况有显著的纵向比较,大规模扶贫资源带来的基础设施和生活条件改善,更容易让老年人产生好评。而中年受访者改善生活的愿望最迫切,面临的贫困问题和生活压力问题也最大。

表 3-19 璞岭村受访者对生活状况的总体满意度

单位:%

组别	非常满意	比较满意	一般	不太满意	很不满意
建档立卡贫困户	9.1	39.4	15.2	21.2	15.2
非贫困户	6.7	36.7	30.0	16.7	10.0
49 岁及以下	6.3	12.5	18.8	37.5	25.0
50~59 岁	8.3	37.5	25.0	20.8	8.3
60 岁及以上	8.7	56.5	21.7	4.3	8.7
合计	7.9	38.1	22.2	19.0	12.7

分析发现，总体而言，66.7%的受访者表示相比 5 年前，现在的生活水平变得更好了。但也有 27.0% 的人表示生活水平变化不大，6.4% 的受访者认为现在的生活水平相比 5 年前反而更差了。从不同家庭类型来看，建档立卡贫困户受访者表示现在的生活水平变得更好的人数比例为 57.6%，低于非贫困户受访者的 76.7%。有近十分之一（9.1%）的建档立卡贫困户受访者认为现在的生活水平相比 5 年前反而有所下降。从年龄层次来看，年龄越大的受访者认为现在的生活水平变得更好的人数比例越高。49 岁及以下受访者认为现在生活水平更好的人数比例仅为 31.3%，而 60 岁及以上受访者这一比例为 82.6%（见表 3-20）。

表 3-20　璞岭村受访者对相比 5 年前现在生活水平的评价

单位：%

组别	好很多	好一些	差不多	差一些	差很多
建档立卡贫困户	12.1	45.5	33.3	3.0	6.1
非贫困户	36.7	40.0	20.0	0.0	3.3
49 岁及以下	18.8	12.5	50.0	0.0	18.8
50~59 岁	29.2	45.8	20.8	4.2	0.0
60 岁及以上	21.7	60.9	17.4	0.0	0.0
合计	23.8	42.9	27.0	1.6	4.8

总体而言，璞岭村受访者中有 30.1% 的人认为未来 5 年自家生活水平将会改善；11.1% 的人认为未来 5 年自家生活水平没有变化；还有 30.1% 的人则认为自家生活水平在未来 5 年会出现下降。由此可看出，生活在村内的受访者对未来的生活状况相对缺乏信心。具体分家庭类型来

看（见表 3-21），建档立卡贫困户受访者表示未来 5 年自家生活水平会变好的人数比例仅为 24.2%，低于非贫困户受访者的比例（36.7%）；并且，建档立卡贫困户认为生活水平将变得更差的人数比例为 39.4%，远高于非贫困户受访者的比例（20.0%）。由此发现，建档立卡贫困户对未来 5 年生活水平的改善更加缺乏信心。结合访谈调研了解到的情况，造成这一现象的一个原因可能是，尽管精准扶贫在 2015~2017 年持续加大了投入力度并加强扶贫产业发展，但是产业能够真正实现创收的周期较长，受市场影响大；而主要的基本公共服务如教育、医疗等又只能去几十公里之外的乡镇或县城。因此，大多数人仍然对在村内生活水平变得更好缺乏信心。

表 3-21　璞岭村受访者对未来 5 年生活水平的预期

单位：%

组别	好很多	好一些	差不多	差一些	差很多	不好说
建档立卡贫困户	3.0	21.2	6.1	21.2	18.2	30.3
非贫困户	16.7	20.0	16.7	16.7	3.3	26.7
合计	9.5	20.6	11.1	19.0	11.1	28.6

在对自家生活水平和村内其他家庭进行比较时，总体而言，璞岭村受访者中 55.6% 的人表示自家生活水平比村内其他家庭差。其中，建档立卡贫困户这一比例高达 78.8%；而非贫困户受访者持此观点的人数比例则仅为 30.0%。仅有 3.0% 的建档立卡贫困户受访者认为自家生活水平要比村内其他家庭好（见表 3-22）。从自我认知角度

来看，建档立卡贫困户家庭的生活水平和生活信心度依然和非贫困户存在差距。

表 3-22　璞岭村受访者对自家生活水平与村内其他家庭的比较

单位：%

组别	好很多	好一些	差不多	差一些	差很多
建档立卡贫困户	3.0	0.0	18.2	57.6	21.2
非贫困户	6.7	16.7	46.7	20.0	10.0
合计	4.8	7.9	31.7	39.7	15.9

四　精准扶贫效果满意度评价

总体而言，59.6%的受访者认为政府为璞岭村安排的各项精准扶贫项目是合理的，而认为不合理的受访者人数比例仅为17.8%。对两类家庭受访者比较分析发现，建档立卡贫困户受访者认为政府为璞岭村安排的精准扶贫项目是合理的人数比例为71.9%，远高于非贫困户受访者持此观点的人数比例（46.7%）。此外，非贫困户中有26.7%的受访者认为政府给璞岭村安排的精准扶贫项目不合理（见表3-23）。分析发现，璞岭村建档立卡贫困户对该村实施的精准扶贫政策的合理性给予了更高的评价，这在一定程度上与建档立卡贫困户直接获得了扶贫资源以及对项目的具体内容知晓度更高有关，因而相对可能给出更高的评价。而非贫困户受访者总体上有接近一半的人对村内实施的精准扶贫项目的合理性给予了认可。非贫困户受访者之所以仍有 26.7% 的人认为精准扶贫项目不合理，根据访谈调研的发现，可能有以下几种原因：一是精准扶贫项目实施的地域范围、时间顺序和实际增收效果等引起了非贫困户的不同看法；二是非贫困户普遍的一个心理就是认为精准扶贫项目反而助长了贫困户"等靠要"的懒惰观念。但总体而言，政府为璞岭村安排的精准扶贫项目的合理性得到了大部分村民的认可。

表 3-23　受访者对政府为璞岭村安排的各种扶贫项目合理性评价

单位：%

组别	非常合理	比较合理	一般	不太合理	很不合理	说不清
建档立卡贫困户	25.0	46.9	18.8	3.1	6.3	0.0
非贫困户	10.0	36.7	20.0	16.7	10.0	6.7
合计	17.7	41.9	19.4	9.7	8.1	3.2

在贫困户的识别方面，总体上有 30.7% 的人认为村内的贫困户识别是合理的；而认为贫困户识别不合理的受访者也占 29.1%。具体从不同类型家庭受访者的评价来看，建档立卡贫困户受访者认为贫困户识别合理的人数比例为 40.6%；43.8% 的建档立卡贫困户认为一般；仅有 15.6% 的建档立卡贫困户受访者表示贫困户识别不合理。而非贫困户受访者认为贫困户识别合理的人数比例仅为 20.0%，认为不合理的非贫困户受访者高达 43.4%（见表 3-24）。但值得注意的是，非贫困户对贫困户识别是否合理表示不清楚的人数占比也高达 16.7%。璞岭村是长阳土家族自治县精准扶贫精准识别工作的试点地区，深受各级政府部门

和领导干部重视，其经验更是受到湖北省级部门的重视。但是，非贫困户反而对璞岭村贫困户识别合理性的评价较低。究其原因，应该是多方面的。一是自 2015 年精准扶贫政策实施至 2017 年，建档立卡贫困户的家庭生活状况有了一定程度的改善。但是建档立卡贫困户的动态调整工作可能相对滞后，让非贫困户对识别工作产生了一定的不公平感。二是精准扶贫资源的分配在实际执行过程中也可能存在一定的偏差现象，部分项目或者部分政策的厚此薄彼可能引起部分建档立卡贫困户和非贫困户的不公平感。

表 3-24　受访者对璞岭村贫困户识别的合理性评价

单位：%

组别	非常合理	比较合理	一般	不太合理	很不合理	说不清
建档立卡贫困户	15.6	25.0	43.8	12.5	3.1	0.0
非贫困户	0.0	20.0	20.0	26.7	16.7	16.7
合计	8.1	22.6	32.3	19.4	9.7	8.1

在扶贫效果评价方面，总体上有 27.4% 的受访者认为璞岭村精准扶贫项目实施至 2017 年 6 月时，扶贫效果好；而认为效果不好的受访者占 25.8%；仅有 8.1% 的受访者表示实施至 2017 年 6 月的扶贫政策效果很不好（见表 3-25）。因此，总体而言，璞岭村的精准扶贫政策还是取得了一定的效果。具体来看，建档立卡贫困户认为全村精准扶贫政策实施到 2017 年 6 月为止扶贫效果为好的人数比例为 28.1%，略高于非贫困户受访者（26.7%）。而 40.6% 的建档立卡贫困户受访者表示扶贫效果一般，认为效果不好的

占 21.9%。相比而言，非贫困户受访者认为效果不好的人数占比为 30.0%，并且对扶贫效果不清楚的占 20.0%。

表 3-25　受访者对璞岭村精准扶贫项目到目前（2017 年 6 月）
为止的效果评价

单位：%

组别	非常好	比较好	一般	不太好	很不好	说不清
建档立卡贫困户	3.1	25.0	40.6	15.6	6.3	9.4
非贫困户	6.7	20.0	23.3	20.0	10.0	20.0
合计	4.8	22.6	32.3	17.7	8.1	14.5

分析表明，从全村层面来看，建档立卡贫困户和非贫困户对全村精准扶贫项目的扶贫效果评价不是特别高，但认为扶贫效果不好的人数比例则总体偏低。但是，从建档立卡贫困户的个体直接受益情况来看，其则表现出不同的特点。建档立卡贫困户在评价安排给自家的扶贫措施是否合适时，累计有 65.7% 的受访者认为合适，其中认为非常合适的占 21.9%；认为不合适的受访者仅占 21.9%（见图3-2）。这表明，就个体层面而言，由于建档立卡贫困户是扶贫措施的直接参与者和受益者，能够对熟悉的扶贫政策给予更加积极的评价。

再从建档立卡贫困户受访者对自家接受精准扶贫项目的评价来看，认为扶贫效果好的占 56.3%，其中认为非常好的受访者占 9.4%；认为扶贫效果不好的占 28.1%（见图3-3）。总体来看，大多数建档立卡贫困户从直接参与的精准扶贫项目中获益。实际上，上文提到，璞岭村在实施产业扶贫的过程中，基于规模效应的考虑，尝试将非贫困户

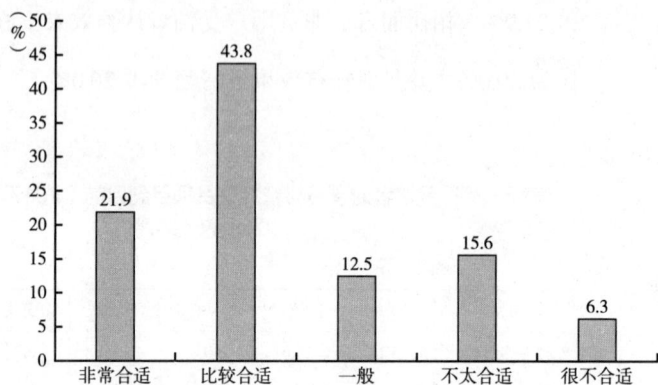

图 3-2　璞岭村建档立卡贫困户对安排给自家的扶贫措施的合适度评价

一并纳入璞岭村的茶叶和药材扶贫产业中来。问卷调查也显示，在非贫困户受访者中，88.9% 的人也直接享受过扶贫政策。根据填写者的回答，主要表现在能够和非贫困户一样领取茶树种苗等。

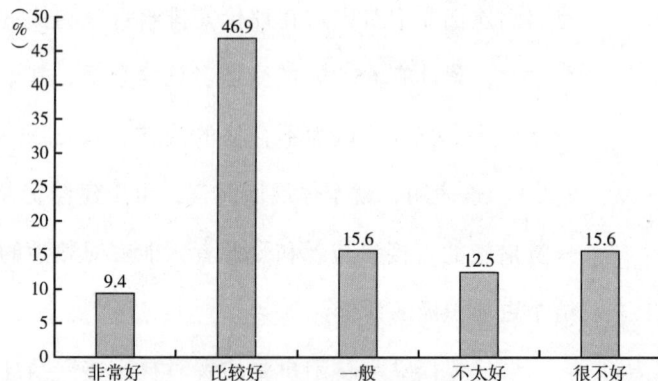

图 3-3　璞岭村建档立卡户受访者对自家接受精准扶贫政策的扶贫效果评价

　　本部分从全村的产业发展层面和建档立卡贫困户的个体受益层面对璞岭村的精准扶贫成效进行了分析。研究表明，璞岭村以产业发展为主导的精准扶贫政策体系，在完成各项扶贫资源整合的基础上，夯实了产业发展基础，初步形成了全村的产业规模化发展脱贫体系。而以危房改造和集中安置等为代表的扶贫措施的开展，改善了建档立卡贫困户的居住条件和生活发展条件。建档立卡贫困户的人力资本质量持续提升，集体经济发展也步入了起步阶段。就个体受益情况而言，政府转移性收入对建档立卡贫困户的收入总量和收入结构都产生了积极影响。一方面为贫困户提供了兜底的生活保障；另一方面又为贫困户减轻了大额医疗费用支出负担。随着 2015 年以来精准扶贫措施的开展，璞岭村村民对当前的生活水平给予了积极评价。尽管贫困户与非贫困户受访者的生活水平还存在差距，但是就纵向而言，贫困户的生活质量有明显提升。精准扶贫效果满意度评价表明，建档立卡贫困户受访者对精准扶贫政策的扶贫效果满意度更高，知晓度也更高。但是，值得注意的是，建档立卡贫困户受访者往往对自己直接参与并受益的项目能够给出更积极的评价，而对全村精准扶贫项目的扶贫效果评价相对偏低。总体而言，精准扶贫政策的实施，改善了璞岭村的发展条件，也提升了贫困户的收入水平和发展能力，精准扶贫政策的诸多成效为该村实施乡村振兴战略奠定了多方面的基础。

第四章

璞岭村精准扶贫的经验与挑战

璞岭村作为长阳土家族自治县的重点贫困村，因被选中作为精准扶贫精准识别工作的试点村，从而获得精准扶贫战略实施的先机，在各级党委、政府部门的高度重视下，加快了脱贫攻坚步伐。经过干部群众的一致努力，该村在精准识别、产业发展脱贫、"消茅"行动等方面均获得了显著发展。经过帮扶部门和璞岭村"两委"班子的主动作为，在贫困户的积极参与下，璞岭精准扶贫攻坚团队荣获2014~2015年度"感动长阳十大人物"特别奖，璞岭村也成为宜昌市精准脱贫示范村。总体来看，璞岭村精准扶贫成就的取得，具有其内在机制和发展机遇。长阳土家族自治县县委、县政府及帮扶部门抓住了璞岭村地处山区的优势和劣势，因地制宜发挥生态资源优势，充分发挥党组织的引领带动作用，将茶叶和药材的种植与加工作为脱

贫策略主线，并将基础设施建设项目整合到夯实产业发展基础中来，以优化基本公共服务和技能培训，提升贫困户参与产业发展的人力资本质量，以非贫困户与贫困户共同发展茶叶、药材来营造村民间的"互帮互助、示范带动"氛围，总体上初步实现了村内产业的规模化发展和贫困户主动求发展的思想观念更新。但是，以产业发展脱贫为主线的脱贫策略也在当期阶段面临一些挑战，这些挑战需要认真应对，才能将已有的发展基础和优势充分发挥出来。

第一节　璞岭村精准扶贫的经验

一　重视发挥党组织引领贫困户解放思想的基础作用

在整个精准扶贫战略实施过程中，县、乡、村三级党组织都发挥了十分重要的引领带动作用。因地处深山，村内生产生活条件落后，一段时间以来，村"两委"班子开展工作的战斗力较为薄弱，干部群众的思想观念较为保守。因此，2015年实施精准扶贫工作以来，县委和驻村帮扶部门首先强调了要解放璞岭村干部群众的思想。驻村干部将璞岭村的贫困原因主要归结为缺乏"三类人"，即"引路人""带头人""明白人"。2017年5月，在镇扶贫办的组织下，璞岭村"两委"班子成员和村产业发展带头人一起赴宜昌的其他乡镇参观茶叶产业发展情况，包括茶厂建设、茶园建设与管理、产业旅游设施和农户茶庄发展模式等。参观过后璞岭村干部自己也认为，璞岭村的问题主要还是表现在村"两委"班子亟须解放思想，在发展产业的同时要敢于创新，让产业发展与文化旅游相结合，同时打造产业品牌。[①]

璞岭村党组织引领贫困户转变观念、解放思想的主要做法表现在以下几个方面：第一，县委为璞岭村选派"第一书记"驻村指导党建。"第一书记"的长期驻村工作，强化了村"两委"班子的凝聚力和威信，解放了村干部的思想，也提升了党员为人民服务的能力。第二，开展"一亮三创"活动。以"亮党员身份，创党员文明户、创党员中心户、创党员示范户"为主要内容的农村党员"一亮三创"活动的开展，实现了全村64名党员立足生产生活联系服务694户农户，根据帮扶对象的具体情况，切实将各项政策和措施落实到贫困帮扶对象上。"一亮三创"活动开展引起的最根本的变化是激活了璞岭村干部群众内生动力，变"要我脱贫"为"我要脱贫"。在党员的示范带动下，璞岭村的群众脱贫攻坚热情高涨，树立了"宁愿苦干、不愿苦熬"的观念，把精力和时间都用在了脱贫致富上。调研组在实地访谈时普遍认为，2015年以来，村内的社会风气明显好转，游手好闲的人少了，种茶种药发展产业的人多了。在产业发展上，村民们过去的"求稳、怕

① 《璞岭村关于外出参观考察学习的情况说明》，2017年5月2日。

搞错"的观念消失了。在基础设施建设上，施工队所到之处，村民主动参与施工障碍的清除，积极融入脱贫攻坚行动中来。第三，党委组织开展"三联一转"改作风活动。全县深入开展以"党员联系服务群众、党员领导干部联系服务项目、党代表联系服务'双困'户、机关转作风"为主要内容的"三联一转"活动，县、乡、村三级党员干部带头联系服务困难群众，实行"1+1"结对帮扶。璞岭村帮扶单位县扶贫办组织 15 名党员干部划片联系服务群众，包联项目，联系帮扶 28 名贫困户，帮助出思路、出点子，帮助提供种子种苗和资金信息。

通过上级党委选派"第一书记"加强璞岭村党建工作，璞岭村"两委"班子服务和组织社会治理的能力明显提高，发展观念更加开放，发展思路也更加清晰。同时，党员同志在精准扶贫中先锋模范作用的发挥，则赢得了村民的信任和配合。通过党组织和党员的带动，贫困户发展致富的愿望更加强烈，发展产业的信心也更足。由于精准扶贫工作开展效果突出，璞岭精准扶贫攻坚团队荣获2014~2015 年度"感动长阳十大人物"特别奖。璞岭村支部书记也于 2015 年被评为都镇湾镇优秀支部书记，2016年获选全省优秀村支部书记，并于 2016 年当选为县党代表、市党代表。

二 积极探索专业合作组织带动贫困户增收和增技

在精准扶贫之前，璞岭村的农业发展以零散小规模的自给自足模式为主，并未形成规模化的产业。尽管有老茶园基地，但是由于没有经营主体专门从事茶叶的深加工和销售，因此茶叶收入并非农户的主要收入来源。在规模化种植、产品深加工、集体议价和销售方面，璞岭村长期处于空白。随着精准扶贫的推进，依照长阳土家族自治县的产业发展脱贫总体思路，璞岭村定位于发展茶叶和药材产业，用以解决当地村民的产业致富增收问题。为破解璞岭村缺乏发展规模化种植基础的难题，璞岭村决定采取通过农业专业合作社带动贫困户发展的方式，为贫困户提供茶叶和药材种植技能培训。

在茶叶种植和加工方面，璞岭村以宜昌清江廪君茶业专业合作社为龙头，以祥官农机服务队为依托，通过招商引资在村内集中安置点新建1家大型茶厂。推行"公司＋合作社＋农户＋互联网"的股份制模式，农民以土地入股，职业农民种植，由公司统一供苗、统一培管、统一服务、统一加工、统一销售，实行标准化生产、集约化经营，形成"产加销"一条龙、农工贸一体化格局。在药材种植方面，大力探索产业互助帮带扶贫模式，以龙头企业、农民专业合作社、家庭农场、能人大户等新型农村经营主体为依托，建立切实可行的利益联结机制（对接方式、合作模式、联结机制）、到户帮扶机制（帮扶协议、前期垫付、委托培训、保护价收购、差别化帮扶、预先分红）、后续管理机制（严格验收、规范报账、维权保护），与贫困户签订帮扶协议和脱贫到户责任状，通过统一规划、统一定制、统一管理、统一销售、集中连片的方式，实施农社结对共建。如璞岭村的长阳农林药材种植专业合作社带动全村 120 户发展药材 800 亩,其中贫困户 80 户 300 亩;在帮扶的贫困户中,该专业合作社为其中 60 户贫困户每户划出 0.1 亩土地集中连片发展重楼;农户仅需投 3 个人工,3 年后每户可增收 3 万元以上。长阳大山中药材种植专业合作社带动 100 户农户发展药材 500 亩,其中贫困户 80 户 150 亩,由专业合作社免费提供种子种苗,提供技术服务,贫困户出田、出工、出肥、出药,收益全部归农户所有。

作为组织化程度高的生产经营主体,农业专业合作社在璞岭村的规模化产业发展脱贫中发挥了重要的平台作用。这一平台作用表现在:第一,对全村贫困户零散种植活动进行了再组织。这一再组织行动,使得茶叶和药材的种植在地理分布和数量等方面均能够实现连片发展,贫困户在组织化的生产活动中,生产目标更加明确,生产效率和产出也更高。第二,成为组织动员贫困户接受技能培训的载体。精准扶贫政策体系中,有很大一部分内容就是为贫困户提供技能培训。璞岭村在落实技能培训时则充分发挥专业合作社的场地优势和技术优势,将药材种植等一些可以放在田间地头的技能培训交给合作社承担完成。同时,在村内申报产业发展项目时,也规定合作社必须在所申报的项目中涵盖一定的技能培训任务。因此,贫困户在专业合作社的组织动员下,一方面实现了增收,另一方面则实现了技能的提升。并且,所学的技能与村内的产业发展能够实现高度匹配。第三,是增强贫困户市场化意识和提升参与公共事务能力的平台。由于专业合作社的经营有明确的发展规划和作业规范，并且承担了茶叶和药材的种植、加工、销售等多种功能，因此贫困户在日常的生产活动参与中，对农产品的市场信息等有了更深刻的了解。同时，由于参与合作社还涉及土地流转、股权分红等事务，需要贫困户表达意见和共商共决共享，因此贫困户参与公共事务的能力和意识也在不断增强，为农村社会治理的有序开展奠定了很好的基础。

三 持续整合扶贫资源助推产业协同发展脱贫体系的形成

产业发展脱贫是精准扶贫"五个一批"中的首要组成部分，为了推动全村种植业的规模化发展，璞岭村的扶贫资源使用和整合也遵循了助推产业协同发展脱贫体系形成的需求。按照璞岭村精准脱贫规划，全村确立了按照"一村多品"、"带状分布"和连片开发的建设思路，形成带状立体产业布局。围绕这一产业布局，璞岭村在整合基础设施建设、行业扶贫资金等方面均围绕产业协同发展脱贫这一目标开展。

在基础设施建设方面，璞岭村对村组道路、入户道路的建设与产业基地道路建设进行整合推进。同时，村内的土地整治项目和网络通信建设也围绕茶叶、药材连片规模化种植、土地灌溉和电子商务等方面进行，为产业规模化发展奠定基础。在资金整合方面，帮扶部门和璞岭村"两委"班子共同沟通，确定并实现资金投向、适用范围要围绕规划确定的主导产业、重点区域整合使用，使资金真正发挥"集中打造、启动内力"的基础性作用。2015年12月，长阳土家族自治县政府在璞岭村召开精准扶贫资源整合工作会议，对当年各个政府职能部门的行业扶贫资金进行整合打包（见表4-1），按照"关口往前移，下拨一支笔，各出一道菜，共整一桌席"的思路，充分发挥产业发展、易地搬迁、交通建设、危房改造、安全饮水、社会帮扶、电力改造、健康扶贫等8个方面的行业资金整合优势，实行"大整合、真整合、创新整合"，做到了应整尽整。

表4-1 璞岭村2015~2016年度扶贫资金整合目录

部门	帮扶内容
国土局	土地整治10000亩
交通局	2015~2017年，投资40万元用于14.7公里的道路硬化
财政局	专项拨款50万元
发改局	专项拨款10万元
畜牧局	开展1000亩草场种植，3年累计投资240万元
林业局	支持发展水果500亩，投资75万元
水利局	2016年解决1050人的饮水问题，并开展三溪治理
农业局	新发展茶叶种植23000亩，改造老茶园700亩，拨付专项资金扶持建立茶厂200万元
住建局	开展"消茅"行动和危房改造工程，拨付集中安置专项资金20万元，并将璞岭村纳入一级村庄建设名录，在2016~2017年完成消灭危房的任务
科技局	投资15万元
供电公司	2017年前完成全村的农电整改
电信公司	一是开通村委会周边30户的宽带，二是增加信号基站
农商银行	建立金融扶贫工作站，为产业发展提供资金贷款

资料来源：精准扶贫精准脱贫百村调研璞岭村调研。

通过将基础设施建设项目定位为产业基地发展的基础，将网络通信等作为改善村内农业生产和经营销售网络的条件，整合行业扶贫资金助推村内产业的可持续发展。截至 2017 年，璞岭村在产业发展脱贫体系构建方面已经初步形成了以"高山药材－中山核桃－低山茶叶－适度畜牧"为主导产业的立体布局。持续整合扶贫资源，提升了扶贫资源的使用效率，也通过发挥政府扶贫资源的"酵母作用"和"放大效应"，增强了社会资本的信心，吸引了"个人筹资"和其他民间资本进入精准扶贫项目建设，尤其是产业发展项目中，进而加快了璞岭村产业协同发展脱贫体系的构建和脱贫步伐。

四　充分调动非贫困户参与产业发展脱贫行动

精准扶贫资源能否公平分配一直是学术界经常关注的一个话题。一般来讲，精准扶贫资源遵循其精确瞄准贫困户的准则，所有的扶贫资源仅用于贫困户。但是，略高于贫困线的低收入户或其他较低收入户容易因得不到帮扶而产生不公平的情绪，对精准扶贫政策的评价也较为消极。璞岭村在坚持产业发展脱贫的思路下，坚持充分调动非贫困户参与产业发展中来，既实现了扶贫产业的规模化发展，也消除了非贫困户认为的扶贫资源分配不公的问题。具体而言，在发展茶叶种植过程中，璞岭村将产业扶贫资金以招标方式完成茶叶苗采购，并规定村内只要有发展茶叶产业意愿的村民均可以免费领取茶叶苗。很多村内非贫困户也参与到这一项目中。但是考虑到贫困户难以承担生产成本的问题，村委会同时规定贫困户在免费领取茶叶苗的基础上，可以按登记的种植面积领取肥料。在问卷调查中也发现，大部分受访的非贫困户都领取过全村发展茶叶产业的茶树苗进行栽种。

璞岭村充分调动非贫困户参与产业发展扶贫，也给全村的精准脱贫和产业发展带来了新活力，其具体举措表现在以下方面：第一，有利于增强全村老百姓对精准扶贫行动的认同感和凝聚力。在这一情形下，非贫困户不将精准扶贫仅视为上级政府或者村委会的事情，也不将精准扶贫仅视为是贫困户的事情，而是将精准扶贫视为与自身农业经营增收息息相关的事情，因而对精准扶贫的认可度、支持度和参与度显著增加。第二，有利于促进全村茶叶、药材等种植业连片规模化发展。村内各家各户承包的土地或者山林是连在一起的，但这种早期随机分配的土地或山林分布格局意味着现在的贫困户和非贫困户的土地或山林都是交错分布的。因此，如果仅将茶叶、药材种植瞄准为贫困户，那么产业发展只能呈零星零散化，无法形成片区。而璞岭村通过调动非贫困户积极参与到精准扶贫的产业项目中来，则破解了上述难题，使得村内所有村民连片种植茶叶和药材成为可能。这不仅有助于改善村内的产业结构，也有助于非贫困户和贫困户从茶叶和药材的规模化种植经营中享受规模效应，而更好地实现增收。第三，有利于促进贫困户和非贫困户之间的互帮互助和示范带动。入村走访调查中发现，璞岭村的贫困户和非贫困户在家庭生活条件、生活理念和习惯、生产技能、家风、财富观和消费观等多方面均存在差异。而通过将非贫困户引入产业扶贫项目中来，以连片种植劳作和共同技能培训，直接增加了贫困户向非贫困户学习的机会，也发挥了非贫困户在生活生产各方面的示范带动作用。这种见贤思齐的多维度互动，使村内的贫困户时时有参照、时时可学习。进而以非贫困户的"传帮带"促使贫困户产生强烈的"我要脱贫""我要致富""我要变强"的迫切愿望和内生动力。

五 科学选择茶叶和药材作为扶贫产业有助于抵御价格波动风险

结合自然生态资源优势，璞岭村将茶叶和药材种植作为全村产业发展脱贫的主攻方向，这一策略有助于璞岭村贫困户种植的经济作物避开市场价格波动，而实现农业经营收入的稳步增长。分析璞岭村的贫困原因发现，地处深山、地理位置偏远造成了璞岭村种植的新鲜农产品在运输过程中破损率高。而且在品种和数量上没有比较优势和规模优势，因而农产品的售价偏低。然而，2015 年以来，璞岭村实施精准扶贫过程中，结合全县的产业发展规划和布局，决定将茶叶和药材作为主打品牌，则能够破解璞岭村多年以来农产品售价低且易受市场波动影响的难题。首先，目前国内外对茶叶价值以及深加工工艺的认识都十分成熟，茶叶已经广泛应用于饮品、养生等领域，消费市场很大。而随着国家越来越重视中医药的作用和鼓励发展中医药事业，我国的中药材价格摆脱了几年前的低迷态势，步入了稳步增长的态势。而这两种产品中，茶叶采摘完之后，一部分品质高的可以用于制作高档绿茶；另一部分则可以用于加工制作红茶。就这一点而言，茶叶可以规避农产品无法较长期保存的难题，并且售价要明显高于普通农产品。而药材在规避保质周期方面更具有优势，很多中药材可以实现多年生产而非每年必须采收。农户如果不愿意接受当时的市场售价，可以采取不采挖药材的策略，直至药材价格上涨至预期价格时再采挖。而且，药材经过炮制之后，往往保质期也更长。因此，相比地区发展高山蔬菜、特色农产品等策略，璞岭村依据山区资源，规模化发展茶叶和药材，不仅能够实现生态资源与生产活动的和谐，还能够很好地帮助贫困户避开价格的周期性波动实现稳定增收。

此外，发展茶叶和药材种植有助于璞岭村进一步发展加工业，从而延长产业链。璞岭村在精准脱贫规划中也提出要建立茶叶加工厂。随着茶叶的发展和茶叶加工厂的建立，璞岭村将由现有的种植型产业转型为种植与加工型产业相结合，实现村集体经济的壮大，并进一步提升村民的增收幅度。

六 积极动员贫困户融入扶贫项目，增强社会治理参与能力

精准扶贫行动的最主要主体是贫困户，其思想状态和

生产技能决定了扶贫项目的实施效果和自我发展的能力水平。精准扶贫一方面给璞岭村带来了大量的资金和项目；另一方面也给璞岭村贫困户以及其他村民带来了参与治理公共事务的机会。广大村民尤其是贫困户在参加各种代表大会、技能培训和监督扶贫项目建设工程等过程中，有了更多的意见表达的机会，主体意识也得到显著增强。这则为璞岭村未来做好农村社会治理工作培养了一大批积极主动的治理主体。

在精准扶贫过程中，帮扶部门和村"两委"充分发挥村民在基础设施建设和社会事业发展中的主体作用，通过"一事一议"筹资筹劳、自发参与和自主建设等方式，变"要我建设"为"我要建设"。同时，成立村民项目理事会，对工程项目建设定期不定期开展检查监督。在扶贫项目实施之前，充分尊重贫困户的发展要求和意愿，共同决策村内精准扶贫项目的实施方案。以"人畜饮水安全工程"为例，村委会听取了老百姓的意见并结合水管部门的专业指导意见，共商共决，确定了饮水工程项目的施工地点。并且在村民代表大会中，选举产生了管水协会，成员均为施工地点所在小组的组长和村民代表。由于部分资金来自老百姓的筹资，因此在此过程中，村委会将资金的管理一律交给了管水协会负责，村委会不管理钱款和票据等。

随着精准扶贫项目资源投入的增多，璞岭村的公共事务明显增多。这对村"两委"班子的管理服务能力提出了要求，也对村民们的共商共建共享能力提出了要求。在全村公共事务治理方面，村党支部一方面推行农村无职党员设岗定责目标管理办法，根据农村无职党员的特长、年龄等情况，设置具体岗位，分别在矛盾调解委、红白理事会、公路护路队、防火护林队等社会公益组织中任职，采取挂牌明示和考核结果贴星上墙的方法进行公示，增强农村党员参与村务治理的能力；另一方面则在扶贫资源的分配、项目实施方案、扶贫效果评估等方面，积极动员贫困户表达意见和参与监督，共同参与到全村公共事务的治理中来。

第二节　新时代璞岭村巩固精准脱贫成效面临的挑战

党的十九大报告指出，中国特色社会主义进入新时代，我国社会主要矛盾已经转化为人民日益增长的美好生活需要和不平衡不充分的发展之间的矛盾。我国已经进入全面建成小康社会决胜期。要坚定实施乡村振兴战略，特别是要坚决打好精准脱贫攻坚战。要动员全党全国全社会力量，坚持精准扶贫、精准脱贫，坚持大扶贫格局，注重扶贫同扶志、扶智相结合，深入实施东西部扶贫协作，重点攻克深度贫困地区脱贫任务，确保到2020年我国现行标准下农村贫困人口实现脱贫，贫困县全部"摘帽"，解决区域性整体贫困，做到脱真贫、真脱贫。[①] 璞岭村自2015年全面实施精准扶贫以来，已经在基础设施建设、产业发展、社会事业、人力资本积累等方面取得了显著成效，并且已经完成了精准脱贫。但是，要真正帮助贫困户形成可持续生计，并从根本上改变璞岭村的产业发展格局和发展环境，璞岭村精准脱贫的巩固工作应该加强。这不仅关系到贫困户是否可能返贫的问题，更是乡村振兴战略对璞岭村高质量脱贫提出的要求。总体而言，璞岭村虽然已经脱贫"摘帽"，贫困户也基本实现了人均纯收入超过贫困线，家庭方面实现了"两不愁、四保障"。但是，扶贫产业发展仍处于起步阶段，规模经济效应并未完全显现，村集体经济尚处于培育期，产业发展与公共服务不协调发展的问题突出，等等。璞岭村的这些不平衡不充分的发展问题依然制约着该村高质量脱贫的实现，更制约着该村顺利实施乡村振兴战略。总体而言，在新时代，璞岭村实现高质量的精准脱贫还面临以下挑战。

一 产业发展脱贫体系初步形成，但增收效果尚不明显

璞岭村精准扶贫主打产业发展脱贫的策略，在基础设施、技能培训、小额贷款等方面都为村内的扶贫产业项目夯实了基础。而在产业发展思路上，璞岭村结合本村自然

---

① 《决胜全面建成小康社会 夺取新时代中国特色社会主义伟大胜利——在中国共产党第十九次全国代表大会上的报告》，人民网，2018年4月15日，http://cpc.people.com.cn/n1/2017/1028/c64094-29613660.html。

生态资源的优势和全县精准脱贫规划，将茶叶和药材作为扶贫产业的重点项目。2015~2018年，璞岭村的茶叶和药材种植已经初具规模，在农业专业合作社的带动下，贫困户和非贫困户都参与到产业发展中来。但是，由于茶叶和药材的种植具有一定的生长周期，目前还未进入成熟挂果期，因此扶贫产业的增收效应目前还未充分显现。此外，璞岭村在强调规模化发展茶叶和药材的同时，对于上述产品的市场需求和销售价格、销售模式等缺乏专门的研究，对市场行情的把握尚不成熟。尽管茶叶和药材具有抵御市场波动风险的特点，但是高端茶叶的销售市场信息和加工工艺、药材市场行情等仍然是影响经营收入的重要因素。因此，从帮扶贫困户真正形成可持续生计，并将茶叶和药材作为璞岭村的主导产业这一角度出发，璞岭村的扶贫产业发展还面临着进一步提升市场化程度的挑战。

二　产业规模化发展与基本公共服务供给不太协调

随着产业发展规模化的推进，璞岭村将在发展茶叶、药材种植和加工的过程中吸纳本村村民实现本地就业。目前，各项基础设施建设也与扶贫产业发展融为一体。但是，值得注意的是，璞岭村的基本公共服务供给速度和质量与当前的产业发展速度存在不一致的情况。在医疗和教育等基本公共服务方面，璞岭村村民还需要跑到离村几十公里的县城获得质量较高的医疗服务资源和教育资源。村民家庭中需要派出专门人员到县城以陪读方式帮助学龄儿童就读幼儿园和小学的现象目前还没有得到有效缓解。一方面，产业规模化的发展需要吸纳本地村民从事日常生产活动；另一方面，基本公共服务供给不足又迫使村内劳动力不得不往村外流动。而高质量脱贫和乡村振兴战略的实施，又对乡村能够留住人才、壮大农村集体经济、实现农业现代化提出了要求。因此，在当前阶段，璞岭村面临着在实现高质量精准脱贫的过程中加强基本公共服务供给的压力。

三 现有人力资本水平与高质量产业发展脱贫之间差距较大

目前，璞岭村人力资本的提升，一方面是通过"雨露计划""电子商务"培训和其他由政府部门组织的劳动技能培训完成的；另一方面则是通过奖励补助贫困家庭子女接受职业教育和高等教育。此外，借助种植专业合作社的力量也为入社的贫困户提供了一定的实用技术培训。但是，璞岭村茶叶、药材产业的发展不仅仅是停留在简单的人工种植阶段。例如，药材的种植就对农户的专业知识要求很高。包括茶叶在内的加工和中药材的烘焙、切片等工艺的加入，也对劳动力的技能提出了新的要求。但是从璞岭村现有的人力资本存量情况来看，大多数年轻人都依然外出到北京、广州、武汉、宜昌等地从事服装加工或其他工作。在村的中年劳动力专职从事茶叶、药材种植的人数也不多。因此，在强调扶贫产业规模化的同时，在还无法全面实现茶叶、药材种植加工机械化、现代化的背景下，加强村内有劳动能力的贫困人口提升与产业发展相匹配的技能就显得十分必要。但是，从目前来看，璞岭村在巩固精准脱贫的成效中要更加重视与产业发展相匹配的人力资本提升和技能培训。

四 基础设施建设造成的一定程度上的生态环境破坏不容忽视

由于璞岭地处深山，修建道路、水渠和房屋等所使用的建材运输成本很高。因此，璞岭村在实施精准扶贫基础设施建设和危房改造等过程中，采取了就地取材的方式，如在村内山地采挖石料，用于全村精准扶贫道路建设、国土整治、水渠水利项目和私人的危房改造等。这是一种节省经济成本的做法，但是由于在具体的开采环节中，未能完全采取规范化的环保措施，对裸露的开采区进行复植或填埋，这不仅在一定程度上破坏了村内部分地区的植被，同时也导致在遭遇洪灾时，山体滑坡和塌方的风险增加，还对当地的水源系统造成一定的负面影响（流经璞岭村境内的小溪小江是下游地区居民的重要水源之一）。而生态资源优势恰恰是璞岭村发展产业扶贫所依托的最大优势，因此，在完善璞岭村基础设施建设和集中安置等工程中，要高度重视并处理好节省施工成本与保护生态环境的关系。

五　璞岭村社会事业不平衡不充分的发展问题依然十分突出

璞岭村在精准扶贫"1156"模式的思路下，以"两不愁、四保障"的标准为精准扶贫建档立卡户提供了兜底保障。问卷调查也显示，建档立卡贫困户相比非贫困户而言，获得的医疗报销费用更高；而且农村低保待遇占家庭收入的比重要远远高于非贫困户。除了这些针对贫困户的兜底保障措施，精准扶贫在改善道路交通、饮水安全、电力通信设施、危房改造等方面也惠及了村内贫困户。针对贫困户和在全村范围实施的精准扶贫项目都在一定程度上提升了贫困户的生活水平。但是教育资源、医疗服务资源依然匮乏的状况没有得到根本改变。村内没有教育机构，仅有的村卫生室也只能发挥完成简单体检和售卖最常用药的作用，医疗人员也极其匮乏。这两项资源的缺失，导致村内非贫困户采取在县城买房搬出村子的做法；而贫困户无法以较低成本获得教育和医疗服务资源，因而很难摆脱因病致贫、因教致贫的困境。教育资源和医疗服务资源配置的不平衡和不充分，是当前璞岭村贫困户提升获得感、幸福感和安全感最直接的制约因素。

第五章

璞岭村高质量脱贫的对策建议

我国已经进入了中国特色社会主义新时代，我国社会主要矛盾已经转化为人民日益增长的美好生活需要和不平衡不充分的发展之间的矛盾。在新时代，脱贫攻坚、乡村振兴战略和决胜全面建成小康社会都是把我国建设成社会主义现代化国家、实现中华民族伟大复兴中国梦的内在要求。脱贫攻坚为乡村振兴战略的实施奠定了基础，二者又共同助力于决胜全面建成小康社会。因此，精准脱贫、脱贫攻坚是新时代我国的一项战略性基础工作。习近平总书记在参加十三届全国人大一次会议内蒙古代表团的审议时提出，要把脱贫攻坚同实施乡村振兴战略有机结合起来，推动乡村牧区产业兴旺、生态宜居、乡风文明、治理有效、生活富裕，把广大农牧民的生活家园全面建设好。① 李克

---

① 《习近平：扎实推动经济高质量发展扎实推进脱贫攻坚》，中国政府网，2018年3月6日，http://www.gov.cn/guowuyuan/2018-03/05/content_5271209.htm。

强总理在 2018 年政府工作报告中提出，加大精准脱贫力度……深入推进产业、教育、健康、生态和文化等扶贫，补齐基础设施和公共服务短板，加强东西部扶贫协作和对口支援，注重扶贫同扶志、扶智相结合，激发脱贫内生动力……攻坚期内脱贫不脱政策，新产生的贫困人口和返贫人口要及时纳入帮扶。加强扶贫资金整合和绩效管理……坚持现行脱贫标准，确保进度和质量，让脱贫得到群众认可、经得起历史检验。① 而对于新时代实施好乡村振兴战略，2018 年的中央一号文件《中共中央 国务院关于实施乡村振兴战略的意见》则提出，脱贫攻坚战取得决定性进展，为实施乡村振兴战略奠定了良好基础。实施乡村振兴战略，是解决人民日益增长的美好生活需要和不平衡不充分的发展之间矛盾的必然要求，是实现"两个一百年"奋斗目标的必然要求，是实现全体人民共同富裕的必然要求。② 因此，璞岭村在完成精准脱贫的情况下，如何在 2020 年前巩固精准脱贫成效，实现高质量脱贫并为乡村振兴战略的实施奠定基础，是当前璞岭村开展工作的重要指导思想和发力方向。

结合璞岭村村情和精准脱贫已经取得的成效、面临的挑战，本文认为璞岭村在新时代背景下，实现高质量脱贫，可以采取以下措施。

① 《政府工作报告——2018 年 3 月 5 日在第十三届全国人民代表大会第一次会议上》，中国政府网，2018 年 4 月 1 日，http://www.gov.cn/premier/2018-03/22/content_5276608.htm。
② 《〈授权发布〉中共中央 国务院关于实施乡村振兴战略的意见》，新华网，2018 年 2 月 15 日，http://www.xinhuanet.com/politics/2018-02/04/c_1122366449.htm。

一 加强对脱贫困户生活状态的跟踪关注和服务

按照人均纯收入超过贫困线、"两不愁、四保障"的脱贫标准衡量，璞岭村的绝大部分贫困户已经摆脱了绝对贫困。建档立卡贫困户已经在吃、穿、住和养老等方面得到了稳定的保障，并且拥有至少一项增收产业项目。但是由于新发展的产业实现增收的周期较长，而基本公共服务供给依然相对薄弱。因此，建档立卡贫困户虽然摆脱了绝对贫困，但是却依然面临着较大的因病致贫的风险，灾难性支出对贫困户和低收入户的影响很大。为了巩固精准脱贫效果，实现高质量脱贫。首先就要把精准扶贫精准脱贫的基础工作继续做扎实，对脱贫户的生计状况进行跟踪调查。在跟踪调查中不仅要关注脱贫户的家庭生活条件，也要关注其所参与的产业是否已经帮助其家庭形成了可持续的生计。另外，对于返贫困户则要继续因人因户给予必要的救助和帮扶。要在精准扶贫建档立卡信息数据库的基础上，建好返贫困户的信息数据库，实现对脱贫状态不稳定的低收入人群的动态监测和及时救助。

二 加强对扶贫产业的市场信息研判

璞岭村将茶叶和药材作为主打的扶贫产业发展品种，目前也已经在种植规模上取得了成效，全村的茶叶和药材种植面积均有增加。但是由于村民尤其是贫困户以往均以种植粮食作物为主，对茶叶和药材的种植、管培、加工、销售等方面的知识几乎不了解。而村内在扩大种植面积的同时，并没有专门成立机构或组织人员对茶叶和药材的市场需求、市场售价、经营模式等做全面分析，缺乏对扶贫产业市场信息的研判。当前，茶叶和药材都有较好的抵御市场价格波动风险的优势，但是贫困户及时增收的需求意味着帮扶部门和村"两委"班子必须对扶贫产业的产品市场信息进行全面了解，以实现收益最大化。因此，建议由县发改局、农办、扶贫办等部门根据相关职责组建一支茶叶和药材等经济作物的价格分析团队，帮助和指导贫困户依据茶叶和药材的市场需求与销售情况等，合理安排种植品种、种植时间和销售方式，并合理安排加工设备的引进，精确实现产业链的延伸。

三 加强扶贫产业的产业链延伸和从业者技能培训

随着璞岭村种植茶叶、药材的面积不断扩大，养殖牲畜的数量也在逐步增加，全村的扶贫产业规模化的任务基本完成。但是，如何摆脱简单售卖原材料的困境，延伸茶叶、药材等产业的产业链，提高这些产品的附加值则是璞岭村通过产业发展实现脱贫在新时代必须认真思考的问题。基于璞岭村已有的产业发展规模和优势，并结合乡村振兴战略规划，重点在村内将茶叶加工厂和药材加工厂建立起来，帮助贫困户由简单种植转为种植与加工相结合，由个体农户变成新时代产业农民。茶叶加工厂可以定位为加工高端绿茶和生产红茶，尽可能提升茶叶的加工程度。药材加工厂则可以定位于发展烘焙、晾晒、切片、炮制等工艺。在提高扶贫产业产品的加工程度的同时，注重打造自己的品牌，通过完成国家地理标志认证的方式，对村内质量上乘的药材和茶叶进行品牌化销售。与此同时，加强与上述产业链发展相适应的劳动者培训，可以对贫困户中有劳动能力的人组织进行技能培训，实现本地劳动力与本地产业的深度融合，最终实现以产业留人、以产业富人。

四 强化农业专业合作社引领贫困户增收致富的作用

扶贫产业的发展壮大离不开农村新型经营主体的带动作用。在产业发展过程中，建议突出大户和龙头企业带动，培养一批好的带头人。农业专业合作社在种植管培、技术运用和议价、抵御灾害风险方面的能力要显著强于个体贫困户的单打独斗。从目前来看，璞岭村在产业发展过程中，就十分注重发挥农业专业合作社的带动力量。但是，从高质量脱贫的角度来看，璞岭村农业专业合作社带动贫困户致富的模式还可以优化。第一，加强农业专业合作社的规范化管理，这些管理既包括对合作社的日常管理，也包括合作社对参与务工的贫困户的规范化管理，帮助其树立产业工人的意识。第二，推动贫困户以入股方式参与合作社的经营和分红。这一方面可以带动贫困户积极参与合作社的管理、生产和劳作；另一方面可以改变贫困户在合作社中的受益模式，对贫困户而言将更加公平。第三，加强合作社提供技能培训的作用，鼓励和支持合作社外出学习先进的种植模式和办法、市场经营办法，掌握优良品种的相关信息等，从而提升合作社自身的经营能力。

五　加强社会扶贫资源的引入和整合

随着大规模基础设施建设和产业发展的资金集中投入期的结束，璞岭村要巩固精准脱贫成效还要继续加大社会扶贫资源的引入和整合力度。这一方面表现为，璞岭村的因病致贫和因教致贫难题还依然需要依托社会保障和慈善事业的共同发力来解决。另一方面，随着贫困户居住格局的改变和村集体经济逐步发展壮大，可以预见的是需要村民共同参与的社会治理事项不断增多，这也意味着贫困户参与社会治理能力的提升需要得到社会工作者或者公益组织的专业指导。此外，扶贫产业的快速发展，也会使得入驻的企业数量增多。这些企业一方面会带动贫困户稳定增加收入；另一方面也是改善村内生产生活环境的重要扶贫力量。结合璞岭村未来形势的变化，一是要加强与科研结构和高校扶贫资源的合作，引进这些机构在茶叶加工和药材加工等方面的专业技术优势，从而帮助璞岭村扶贫产业延伸产业链和提高附加值。二是要积极引入社会工作人员和公益组织，为贫困户提供慈善援助和参与乡村建设及社会治理的理念和方法指导，巩固贫困户扶贫扶智扶志的效果。三是要继续整合"影子姐姐""大病关爱壹佰基金"等公益慈善资源在帮扶贫困户缓解因病致贫、因教致贫等方面的作用。

六　提升璞岭村基本公共服务的供给水平

璞岭村在帮扶贫困户摆脱绝对贫困之后，在新时代背景下面临的一个重要问题就是帮助解决低收入农户缓解支出型贫困问题。支出型贫困既包括低收入户的医疗费用灾难性支出，也包括大额且持续的教育支出。调查发现，非贫困户的教育支出占比要显著高于贫困户，而建档立卡贫困户的自付医疗费用支出占比则明显高于非贫困户。对于璞岭村这类偏僻的山村而言，缺乏教育资源和医疗服务资源是导致农村家庭贫困或返贫的最大因素。因此，建议璞岭村在巩固精准脱贫阶段，完善村卫生室提供基本公共服务的功能，充分做好疾病预防和日常健康管理，降低贫困户患病的风险。此外，进一步完善社会保障尤其是医疗保险分担贫困户诊疗费用负担的功能，建立乡镇卫生院流动驻村诊疗服务模式，并积极探索"互联网＋"医疗诊疗模式，节省村内贫困户就诊的交通时间。此外，随着贫困户集中安置的完成，建议高度重视并发挥村民服务中心的作用，一方面是提高服务中心及时响应村民需求的效率；另一方面是重点在宣传优良家风和生活习惯、提供公共文化活动等方面发挥作用，为璞岭村的可持续发展营造良好和谐的社会环境与氛围。

璞岭村作为武陵山连片特困地区一个深山中的村庄，它拥有丰富的自然生态资源，但是却也因地理位置偏僻而长期错过全面建成小康社会的众多机会。自我国实施精准扶贫战略以来，从开启精准扶贫精准识别试点，到实践

"1156"扶贫模式，璞岭村的精准扶贫精准脱贫实践可以说是长阳土家族自治县精准扶贫实践的一个缩影。目前，该村已经初步走出了一条以茶叶和药材为主打品牌的产业之路。围绕产业发展而开展的一系列精准扶贫措施，在解决绝对贫困问题的同时，也为该村深入推进乡村振兴战略和决胜全面建成小康社会奠定了基础。

附　录

附录一:《长阳土家族自治县精准扶贫到户政策汇编》

一 精准扶贫产业扶持政策

以"五个一"工程为统领,重点扶持建档立卡贫困户发展特色产业,有多少支持多少,不设指标限制。(长扶组〔2016〕1号)

(1)茶叶:无性系良种建园按照4500株/亩标准,每发展一亩政府补贴750元(已享受新一轮退耕还林苗木补助300元政策的,按每亩450元给予补助)。种子建园按照30千克/亩标准,每发展一亩政府补贴180元;每改造一亩老茶园,在验收合格后,直接奖励80元的茶叶专用有机复合肥。

(2)魔芋:实行以奖代补形式每亩补助1000元。户平原则上扶持不超过5亩,农户种植超过5亩的部分不再予以扶持。

(3)林业:新一轮退耕还林每亩1500元,其中,种苗费300元,补助1200元。速丰林基地按每亩300元的标准验收后兑付。

(4)栀果:新建基地每亩补贴种苗费200元;老园改造每亩补贴种苗、肥药等费用100元。

(5)木瓜:新发展木瓜基地,完成规划建设任务按照每亩160元标准验收后补贴到户。

(6)电商:对重点贫困村参训并获得相应证书的农户

按照人均 150 元 / 天给予生活费和住宿费补贴。（长扶组办〔2015〕16 号）

二 农村危房改造政策

补助对象：2016 年农村危房改造补助对象重点是居住在危房中的农村分散供养五保户、低保户、贫困残疾人家庭和其他一般贫困户，补助对象必须是已录入全国农村住房信息系统并公示标注为"十三五"建档立卡的贫困危房户。

补助标准：D 级危房拆除新建，户均补助 12000 元；C 级危房修缮加固，户均补助 7500 元；暴雨灾害专项指标，户均补助 7500 元。（长扶组办〔2016〕19 号）

三 精准扶贫培训和就业保障政策

引导或鼓励县内用人单位招用贫困家庭成员就业。对特别困难的学员实行兜底安置，将其纳入公益性岗位安置范畴。定向开展专项招聘活动。贫困户家庭成员参加各类培训，免收住宿费、书本费、培训费、实训材料费等一切费用。县扶贫办按 20 元 /（人·天）的标准发放培训期间生活费。（长扶组办〔2015〕10 号）

四 精准扶贫小额贴息贷款政策

（1）畜牧"121"工程：每个生猪、山羊养殖贫困户可申请贷款 10000 元，每个家禽养殖贫困户可申请贷款 5000 元。此项贷款授信三年，循环使用，每次贷款期限不超过一年，全额贴息。（长扶组〔2015〕2 号）

（2）中药材"211"工程：每个中药材种植贫困户可申请贷款限额 20000 元以内，贷款期限根据中药材受益年限确定，原则上为二年，全部贴息。贫困户按期还贷后，第三年、第四年可根据需要继续申请贷款，享受全部贴息政策。（长扶组办〔2015〕17 号）

（3）特色产业精准扶贫到户："五个一"产业扶持政策外，需农户自筹部分，可通过小额贴息贷款方式落实。"五个一"工程以外的产业，若产业部门没有专项配套资金，可按建设标准定额通过小额贴息贷款落实。产业扶贫贷款期限原则上为三年，无担保、免抵押、政府全额贴息、贷户到期还本。（长扶组〔2016〕1 号）

五　精准扶贫兜底保障政策

农村低保保障标准为 3000 元 / 年。农村五保供养标准为 6260 元 / 年。从 2016 年 4 月 1 日起执行，以市政府文件及民政部门文件为准。（宜政办发〔2016〕16 号）

六　易地扶贫搬迁政策

搬迁对象：

——生存环境差、生态环境脆弱、水土流失严重，且水土、光热条件难以满足日常生活生产需要，不具备基本发展条件地方的建档立卡贫困人口。

——交通、水利、电力、通信等基础设施和文化、教育、医疗卫生等基本公共服务设施薄弱，工程措施解决难度大，建设和运行成本高的地区建档立卡贫困人口。

——国家主体功能区划中划定的禁止开发区或限制开发区及地方病严重、地质灾害频发地区的建档立卡贫困人口。

——清江库区缺乏生产生活资料的建档立卡贫困人口。

——其他确需实施易地扶贫搬迁地区的建档立卡贫困人口。

上述对象必须是经过全县精准识别"回头看"，通过"三公开""四签字"程序"一锤定音"，录入全国扶贫开发信息系统的建档立卡贫困户，且自愿申请实施易地扶贫搬迁的贫困人口。

安置方式：采取集中安置和分散安置相结合，实行"五靠近"（靠近中心村、靠近集镇、靠近生态旅游区、靠近产业园区、靠近城区）。集中安置和分散安置均实行"交钥匙工程"，统一规划、统一建设、统一质量安全监管、统一分配。

建设标准：建设基本的脱贫安全保障房。人均住房建设面积均不得超过25平方米。按照50平方米、75平方米、100平方米、125平方米4种户型进行建设。单人户建设公租房，以集中居住为主，分散居住者建设面积不超过40

平方米。建档立卡贫困户人均自筹资金 2500 元，户均最高不超过 1 万元。鳏寡孤独残等特殊困难群体，不要求自筹资金。

奖励政策：建新必须拆旧，旧房拆除的按照人均 2500 元标准进行奖励，户均最高不超过 1 万元。

配套帮扶政策：加大就业培训力度；发展特色产业、劳务经济、现代服务业、资产收益，拓宽增收脱贫渠道；与安置地居民享有同等的社会保障政策，搬迁户原享有的各项惠农政策不变。（长办发〔2016〕20 号）

七　精准扶贫教育保障政策

（1）义务教育阶段贫困家庭寄宿生生活费补助，小学生每天 4 元、初中生每天 5 元。1 年按 250 天补助，小学生每年 1000 元、初中生每年 1250 元。（鄂政发〔2006〕37 号）

（2）具有正式注册学籍的家庭经济困难高中生可享受普通高中国家助学金政策，扶助标准：按贫困程度实行每生每年 1000 元和 2000 元两档标准。对特困生执行 2000 元标准，其余执行 1000 元标准。资助面控制在普通高中在校生总数的 20%。（财教〔2010〕461 号、宜教发〔2011〕2 号）

（3）建档立卡贫困户家庭学生在中等职业学校就读的，可享受中等职业教育国家助学金政策，扶助标准：每生每年 1500 元。（财教〔2012〕376 号）

（4）建档立卡贫困户家庭学生在高校全日制本、专科

（含高职、第二学士学位）就读的，满足如下条件的可享受普通本科高校、高等职业学校国家助学金政策：一是热爱社会主义祖国，拥护中国共产党的领导；二是遵守宪法和法律，遵守学校规章制度；三是诚实守信，道德品质优良；四是勤奋学习，积极上进；五是家庭经济困难，生活俭朴。扶助标准：平均资助标准为每生每年 2000 元，具体标准在每生每年 1000~3000 元范围内确定，可以分为 2~3 档。（财教〔2007〕92 号、鄂财教发〔2007〕87 号）

（5）户籍在湖北省，参加全国普通高等学校统一招生考试，被三本以上高校录取的建档立卡贫困户应届女大学生，且没有获得其他同类助学金资助；符合计划生育政策规定，经湖北省妇女儿童发展基金会秘书处核准，可享受金凤工程助学行动政策，扶助标准：3500 元 /（人·年）。（鄂妇通字〔2013〕19 号）

（6）在中等职业技术学校、高等职业技术学院就读的建档立卡贫困户子女可享受"雨露计划"补助，补助标准为每生每年 3000 元。（国开办司发〔2015〕106 号）

八 精准扶贫医疗保障政策

（1）建档立卡贫困户中的兜底保障对象可享受医疗救助政策，城区住院救助年救助封顶线为 10000 元，特别困难的实行二次救助，两次救助最高可以达到 20000 元。门诊救助年救助最高限额为 1000 元。（鄂民政发〔2004〕78 号、鄂民政发〔2009〕41 号、宜府发〔2005〕2 号）

（2）建档立卡贫困户中重症精神病患者可享受□□助政策。扶助标准：贫困重症精神病患者住院予□□元/人的救助扶助。（鄂卫办发〔2011〕152号）

（3）特大疾病医疗救助政策。（长政办发〔2012〕□

救助对象：建档立卡贫困户中的民政救助对象□□治县户籍，参加了新型农村合作医疗，医疗费用超□□年总收入80%的因病致贫对象。

救助病种：尿毒症、儿童白血病、儿童先天性□病、乳腺癌、宫颈癌、重性精神疾病、耐多药肺结核□滋病机会性感染、肺癌、食道癌、胃癌、结肠癌、□癌、慢性粒细胞白血病、急性心肌梗死、脑梗死、□病、Ⅰ型糖尿病、甲亢、唇腭裂共20个病种。

救助标准：符合条件的民政救助对象可以依次申□本医疗保障部门大病关爱、民政部门重点医疗救助和□病关爱壹佰基金"促进会的专项资助，三项合计一年□限额17万元；符合条件的因病致贫对象可以依次申□本医疗保障部门大病关爱和"大病关爱壹佰基金"促□的专项资助，两项合计一年最高限额15万元；特殊□资助标准按有关政策和规定执行。

（4）"大病关爱"救助政策。（长政办发〔2011〕59□

救助对象：建档立卡贫困户中经民政部门认定的城□低保、五保、孤儿、重点优抚等救助对象（以下简称"□政救助对象"），住院医疗年自费（扣除医疗保险、新型□村合作医疗、其他保险的报销和赔付，报销目录以外的□药费用）达到1万元以上的（含1万元）。

建档立卡贫困户参加了自治县新型农村合作医疗，住院医疗年自费（扣除医疗保险、新型农村合作医疗、其他保险的报销和赔付，报销目录以外的医药费用）达到 3 万元以上的（含 3 万元）。

救助标准：民政救助对象患者凡医疗自费达到 1 万元，一次性救助金额 5000 元。自费超出 1 万元的部分，按超出部分 50% 的比例再给予救助。最高救助限额为 5 万元。其他因病致贫对象，凡医疗自费达到 3 万元的患者，一次性救助金额 5000 元。自费超出 3 万元的部分，按超出部分 50% 的比例再给予救助。最高救助限额为 5 万元。

（5）建档立卡贫困人员县内医疗费用补偿政策：参加新农合的建档立卡贫困人口在县内定点医疗机构住院费用不计算起付线，补偿比例另提高 5%。执行时间：2016 年 8 月 1 日至 2016 年 12 月 31 日。（长合管办〔2016〕12 号）

附录二:《璞岭村调查》

璞岭村调查

中共长阳土家族自治县县委书记　赵吉雄

精准识别贫困对象,是贯彻落实"精准扶贫,不落一人"总要求的基础性工作。根据省委常委、中共宜昌市委书记黄楚平,省委常委、省委统战部部长梁惠玲等领导的指示,县委决定在全县154个村实行一次地毯式的大调研工作。为了切实把此次调研工作做实、做细、做好,我们随机在54个贫困村和特困村选择都镇湾镇璞岭村作为样本,由我带队对该村开展为期一个月的先期调研,为全县大调研工作积累经验。现将有关情况报告如下。

一　科学制订调研方案,确定调研方法

(一)不预设条条框框,"一竿子"插到底

为精准识别贫困对象,我们在调研过程中,始终坚持县、乡、村三级联动,组建调查组,不听层层汇报,不带有色眼镜,不预设条件门槛,直接深入基层农户家中,实地查看群众的困难,当面了解群众的意见,用事实来说话,让群众来评判。由我带队,县委办、政府办从扶贫、民政、农办、住建、统计等部门抽调精兵强将,成立了7个小组

共 30 余人的调研专班，对该村开展为期一个月的先期调研，通过全面入户集中对表、重点入户核查对比、召开会议确定对象建档立卡，对贫困户进行再摸底、再调查、再登记，做到不漏一户、不落一人，现场"解剖麻雀"。

（二）学习借鉴毕节经验，确立"四看四算"工作法

在认真学习毕节经验的基础上，结合长阳实际，提出用"四看四算"方法来识别贫困对象：一看房屋算家当，二看产业算后劲，三看劳力算收入，四看医教算支出。通过"四看四算"，真实了解农户的收入、支出和基本财力，为农户科学分类打下坚实基础。在召开的村民代表会议上，大家都说，"这次工作实，工作组是火眼金睛，算的让人服气，在对象识别上做到了精准。"

（三）认真比对分析，科学识别"五类"对象

对"四看四算"后的农户进行全面核查比对，将农户划分了五个类别：第一类是富裕户，指在产业发展、家庭收入等方面具有明显优势且具有一定示范效应的农户。其人均可支配收入一般是该村平均水平的 3 倍以上。第二类是一般户，指在产业发展及家庭收入方面不具有优势，但能依靠现有自身能力保持基本发展，通过政策引导、巩固和提高，可达到小康水平的农户，不需要在精准扶贫环节给予过多关注和扶持。其人均可支配收入在国家规定的贫困线标准以上。第三类是扶贫户，指依靠现有自身能力难以维持基本发展，但给予一定扶持后，能够增强自我发展

建档立卡贫困户参加了自治县新型农村合作医疗，住院医疗年自费（扣除医疗保险、新型农村合作医疗、其他保险的报销和赔付，报销目录以外的医药费用）达到3万元以上的（含3万元）。

救助标准：民政救助对象患者凡医疗自费达到1万元，一次性救助金额5000元。自费超出1万元的部分，按超出部分50%的比例再给予救助。最高救助限额为5万元。其他因病致贫对象，凡医疗自费达到3万元的患者，一次性救助金额5000元。自费超出3万元的部分，按超出部分50%的比例再给予救助。最高救助限额为5万元。

（5）建档立卡贫困人员县内医疗费用补偿政策：参加新农合的建档立卡贫困人口在县内定点医疗机构住院费用不计算起付线，补偿比例另提高5%。执行时间：2016年8月1日至2016年12月31日。（长合管办〔2016〕12号）

（2）建档立卡贫困户中重症精神病患者可享受大病救助政策。扶助标准：贫困重症精神病患者住院予以6000元/人的救助扶助。（鄂卫办发〔2011〕152号）

（3）特大疾病医疗救助政策。（长政办发〔2012〕88号）

救助对象：建档立卡贫困户中的民政救助对象和有自治县户籍，参加了新型农村合作医疗，医疗费用超过家庭年总收入80%的因病致贫对象。

救助病种：尿毒症、儿童白血病、儿童先天性心脏病、乳腺癌、宫颈癌、重性精神疾病、耐多药肺结核、艾滋病机会性感染、肺癌、食道癌、胃癌、结肠癌、直肠癌、慢性粒细胞白血病、急性心肌梗死、脑梗死、血友病、Ⅰ型糖尿病、甲亢、唇腭裂共20个病种。

救助标准：符合条件的民政救助对象可以依次申请基本医疗保障部门大病关爱、民政部门重点医疗救助和"大病关爱壹佰基金"促进会的专项资助，三项合计一年最高限额17万元；符合条件的因病致贫对象可以依次申请基本医疗保障部门大病关爱和"大病关爱壹佰基金"促进会的专项资助，两项合计一年最高限额15万元；特殊对象资助标准按有关政策和规定执行。

（4）"大病关爱"救助政策。（长政办发〔2011〕59号）

救助对象：建档立卡贫困户中经民政部门认定的城乡低保、五保、孤儿、重点优抚等救助对象（以下简称"民政救助对象"），住院医疗年自费（扣除医疗保险、新型农村合作医疗、其他保险的报销和赔付，报销目录以外的医药费用）达到1万元以上的（含1万元）。

附录二:《璞岭村调查》

璞岭村调查

中共长阳土家族自治县县委书记　赵吉雄

精准识别贫困对象,是贯彻落实"精准扶贫,不落一人"总要求的基础性工作。根据省委常委、中共宜昌市委书记黄楚平,省委常委、省委统战部部长梁惠玲等领导的指示,县委决定在全县 154 个村实行一次地毯式的大调研工作。为了切实把此次调研工作做实、做细、做好,我们随机在 54 个贫困村和特困村选择都镇湾镇璞岭村作为样本,由我带队对该村开展为期一个月的先期调研,为全县大调研工作积累经验。现将有关情况报告如下。

一　科学制订调研方案,确定调研方法

(一)不预设条条框框,"一竿子"插到底

为精准识别贫困对象,我们在调研过程中,始终坚持县、乡、村三级联动,组建调查组,不听层层汇报,不带有色眼镜,不预设条件门槛,直接深入基层农户家中,实地查看群众的困难,当面了解群众的意见,用事实来说话,让群众来评判。由我带队,县委办、政府办从扶贫、民政、农办、住建、统计等部门抽调精兵强将,成立了 7 个小组

共30余人的调研专班，对该村开展为期一个月的先期调研，通过全面入户集中对表、重点入户核查对比、召开会议确定对象建档立卡，对贫困户进行再摸底、再调查、再登记，做到不漏一户、不落一人，现场"解剖麻雀"。

（二）学习借鉴毕节经验，确立"四看四算"工作法

在认真学习毕节经验的基础上，结合长阳实际，提出用"四看四算"方法来识别贫困对象：一看房屋算家当，二看产业算后劲，三看劳力算收入，四看医教算支出。通过"四看四算"，真实了解农户的收入、支出和基本财力，为农户科学分类打下坚实基础。在召开的村民代表会议上，大家都说，"这次工作实，工作组是火眼金睛，算的让人服气，在对象识别上做到了精准。"

（三）认真比对分析，科学识别"五类"对象

对"四看四算"后的农户进行全面核查比对，将农户划分了五个类别：第一类是富裕户，指在产业发展、家庭收入等方面具有明显优势且具有一定示范效应的农户。其人均可支配收入一般是该村平均水平的3倍以上。第二类是一般户，指在产业发展及家庭收入方面不具有优势，但能依靠现有自身能力保持基本发展，通过政策引导、巩固和提高，可达到小康水平的农户，不需要在精准扶贫环节给予过多关注和扶持。其人均可支配收入在国家规定的贫困线标准以上。第三类是扶贫户，指依靠现有自身能力难以维持基本发展，但给予一定扶持后，能够增强自我发展

能力，实现脱贫的农户。其人均可支配收入在国家规定的贫困线以下。第四类是特困户，指人均可支配收入在贫困线以下，且因病、因学、因残、因灾、因智、因老、因弱、因环境、因劳力等九种原因，而不能通过扶持提升自身发展能力的农户，需要政策兜底。第五类是五保户和孤儿户。

（四）坚持"一看二算三会四评"办法，把结果交给群众评

在识别过程中，我们坚持"一看二算三会四评"程序不放松。一看，即入户实地看、实地察，不漏一户；二算，即听当家人自己算、干部帮忙算，把收入支出算尽算准；三会，即召开屋场会、党员代表会、群众代表会，统一思想，形成共识；四评，即通过周边群众评、党员代表评、村组干部评和村民代表评，看识别对象真不真。通过"一看二算三会四评"让贫困户的识别在村组群众中比得、论得、公示得，确保识别工作不出现矛盾和问题。

（五）建立数据分析平台，充分运用分析结果

我们坚持及时分析处理数据，将所有调查信息录入信息平台，进行数据分析处理，从面上准确把握全县贫困区域和农户生产生活条件、致贫原因，将致贫原因分为因病、因学、因残、因智、因老、因弱、因劳力、因环境等九类。并利用大数据结果建立贫困户管理台账，把村组贫困户纳入民情通网格化管理，并通过一定形式在一定范围内进行公开公示，接受人民群众监督。

二　璞岭村贫困现状

（一）贫困面积大，贫困发生率高

该村面积 37.2 平方公里，现有 8 个村民小组，668 户 1951 人（见表 1）。2014 年有建档立卡贫困户 242 户 719 人。经调查，有富裕户共 5 户 21 人，分别占总户数和总人口的 0.7% 和 1.1%；一般户共 346 户 923 人，分别占总户数和总人口的 51.8% 和 47.3%；贫困户 227 户 712 人，分别占总户数和总人口的 34.0% 和 36.5%。在贫困户中，扶贫户 93 户 289 人，分别占总户数和总人口的 13.9% 和 14.8%；低保户 15 户 61 人，分别占总户数和总人口的 2.2% 和 3.1%；扶贫低保户 106 户 347 人，分别占总户数和总人口的 15.9% 和 17.8%；五保户 13 户 15 人，分别占总户数和总人口的 1.9% 和 0.8%（见表 2）。

表1　2014 年璞岭村人口分类情况

类别	总计	富裕户	一般户	贫困户
户数（户）	668	5	346	227
比例（%）	—	0.7	51.8	34.0
人数（人）	1951	21	923	712
比例（%）	—	1.1	47.3	36.5

表2　2014 年璞岭村贫困人口分类情况

类别	总计	扶贫户	低保户	扶贫低保户	五保户
户数（户）	227	93	15	106	13
比例（%）	34.0	13.9	2.2	15.9	1.9
人数（人）	712	289	61	347	15
比例（%）	36.5	14.8	3.1	17.8	0.8

（二）致贫原因复杂，主观原因居多

除自然条件恶劣、交通信息闭塞等客观原因外，主要原因有以下几点。

（1）缺乏创新求变这个根本动力。"我们都饿怕了，也穷怕了，不敢东想西想，没有钱用不要紧，只要有吃的就行。"在调查过程中，我们发现普通群众思想比较保守，没有向贫困宣战的勇气和斗志。在6组蔡金全家中调查时了解到，他一家三个劳动力，11亩土地全部用于种植玉米，然后用玉米喂猪，一年下来，全家纯收入只有3000多元。其他群众田边地角种的也是多种多样，什么都有、什么都不成规模，产出来的也就是自家用，比如老百姓种的茶叶，只采一季芽茶，只要卖个几百块钱就心满意足了，根本没把心思放在规模化、标准化、专业化的发展思路上，完全是望天收。该村老百姓一年勤扒苦挣，平均每亩收入也就500元左右，只能实现温饱，根本无法致富。在4组李作声家，随行的廪君茶庄老总李作森动员该组拿出最好的田连片发展茶叶1000亩，并保证每亩收益超过5000元，但有的农民当场就问茶叶有收益前的一年里怎么办？1组的李元清已有58岁了，但至今还没走出过大山，连仅有30公里距离的庄溪集镇都没到过，家里住的也是茅草房，睡的也是破棉絮，一家三口极度贫困。由此可以看出，思想观念保守、缺乏创新求变意识是阻碍农民脱贫致富的第一障碍。

（2）缺乏"三类人"这个靠山。农村经济要发展，要整体脱贫致富奔小康，必须依靠"引路人"、"带头人"和"明白人"，而该村恰恰缺乏这"三类人"。

一是引路人思路不定，规划不科学。该村"两委"班子也想带领群众脱贫致富，但没有一个整体的、科学的规划，茶叶、核桃、养殖、药材等产业不成气候、不成规模，赚钱效应不明显，群众积极性不高。

二是带头人较少。该村合作经济组织十分薄弱，仅有一个药材生产专业合作社，虽然已发展社员 169 户，但社员中有名无实的有 60 户，在合作社挂名但自己又分散种植的约 90 户，真正入社且服从合作社统一规划和安排的只有 19 户，药材面积 600 亩左右。在该村没有加入合作社的散户约占 60%，他们种植的药材品种多样，除贝母、独活、天麻外，还有白芨、重楼等数十个品种，多数是自种自销，面积是合作社种植的两倍多。药材种植水平低、产品价格低、比较效益低，合作社带头人感到有力使不上，群众感到无所适从。

三是明白人缺乏。据调查，相当部分农民看不懂报纸杂志或读不懂科技书籍，无法与外界交流，不能或不能及时获取科技信息和市场信息，传统种植和养殖业（种植玉米、土豆、红苕和分散养猪）是行家里手，发展现代农业是地道的"门外汉"，全村贫困户基本没有真正意义上的政策明白人、科技明白人和市场明白人，必须开智培训。

（3）缺乏产业发展这个支撑。没有稳定的产业，就没有稳定的收入。当前该村产业结构单一，支撑作用不明显。

传统农业中粮食仍是主打品种，一半以上的农户均大面积种植玉米，亩产在 300~500 公斤。另外还有小面积种植水稻、土豆、黄豆等，产量均不高。养殖业以农户自主散养猪、羊、鸡为主，年出栏 100 头猪以上的养殖户仅 4 户，年出栏数不高，收入较低，全村 2014 年出栏猪 3200 头、羊 1820 只、鸡 3800 只。

茶叶虽有 1100 余亩，但不是集中连片种植，培管也不到位。只是手工采摘，产量极低，每年只采摘春茶一季。2014 年茶叶产量不足 1 万斤。全村仅有一个作坊式小茶厂，年加工干茶（绿茶）能力有限，且春茶结束后不再收购鲜叶，因此，许多茶叶长在树上无人采摘。如 5 组村民黄启珍种植茶叶近 8 亩，但年收入仅 3000 元，每亩茶叶收入不足 400 元。

药材基本以散户种植为主，品种多样，主要有贝母、独活、天麻，另外还有白芨、重楼等数十个品种，是高山农户重要收入来源之一，主要种植区域在海拔 1000 米以上的东坪、西坪和顶坪，利用耕地种植面积 1500 亩，自然林药材面积 2000 亩。

核桃面积 700 多亩，由于后期培管技术跟不上，加之 2014 年又是"小年"，很多树不挂果，许多农户处于两难境地，对种植核桃没有信心。如 2 组张登学种植核桃 20 亩，至今无一棵树挂果，又不能种植其他作物。

（4）缺乏精准扶贫这个法宝。这些年，我们按照"先易后难"的原则，把璞岭村作为整体推进村进行了帮扶，投入了大量资金改善群众出行难、饮水难、看病难的现状，办了许多受群众欢迎的好事。但对全村贫困区域、贫困对象、致贫原因关注的不够，对宣传群众、组织群众、发动群众做得不够。

（三）穷根未断，返贫现象较为严重

我们在调查中发现，群众致贫返贫的原因主要有以下几点。

（1）交通等基础条件落后，信息闭塞，是群众难以改变贫困现状的第一因素。全村现有主线公路 50 公里，入户公路 80 公里，但硬化里程仅有 8 公里，占 6%。53 户未通公路，多数路段受汛期水毁等因素影响，路面狭窄且严重受损，路况极差。

与 20 公里外的麻池集镇相比，就种养殖业来说，因为山高路远，地处偏僻，外地菜贩子一般不愿上门收购，菜农种植的蔬菜往往要用农用车或三轮麻木车经过几次二级转运，才能在麻池集镇集中装运，一来增加了转运成本，二来转运时间长也导致蔬菜品质下降而降低了经济效益；农民散养的生猪和山羊，因为信息不对称，生猪和山羊价格与麻池集镇相比分别平均要低 1~2 元，这就直接导致璞岭村的农民每卖一头猪或一只山羊要比麻池集镇的低 300~200 元，养殖多的农户亏损会更大，可见因交通不便和信息闭塞，对璞岭村有意从事种养殖业的农民影响之大。

与一江之隔的火烧坪相比，我们看到，火烧坪这几年因为大力改善交通条件，蔬菜产业发展势头迅猛，今年人均现金收入 2 万元以上。在蔬菜上市之前，外地和本地经纪人争相采购，已有购买"期货"之势，农民种的蔬菜还在田里，已有经纪人争相竞价，按亩计算，包田购买，主路口大货车来来往往，农用车车水马龙的繁忙景象，而璞岭村这里依然静悄悄，农民也曾经尝试种植过蔬菜，因为车辆无法进出而受挫，因为这里成本上升无效益，农民只能"望洋兴叹"，止步不前。信息闭塞让这里成了一座"孤岛"，不能及时充分与市场对接，"跟风跑"的结果只能是一次又一次的失败。

（2）群众受教育程度低，劳动知识技能缺乏，是群众难以改变贫困现状的主要原因（见表3）。在农村，因贫而学、因学而贫的循环，让群众特别是贫困群众身陷其中，难以打破这个怪圈。据调查，全村227户贫困户中，因学致贫共39户，占被调查户数的18.75%，227户贫困户中有66.83%的农户认为当前或最近三年面临的最大困难是子女上学开支困难。高中生和大学生就读期间的费用，成为一个贫困家庭最大的负担。

表3　璞岭村贫困人口受教育程度情况

类别	文盲或半文盲	小学文化	初中文化	高中文化	大专及以上
比例	18.01%	43.22%	27.86%	7.36%	3.55%

在因学致贫的同时，该村绝大多数农户无一技之长，227户贫困户中，普通劳动力人口占贫困人口总数的52.48%；丧失劳动能力的贫困人口占贫困人口总数的9.04%；无劳动能力的贫困人口占贫困人口总数的37.69%；而具有一定技能的劳动力只占贫困人口总数的0.79%。贫困人口劳动能力低下的现状是当前贫困人口脱贫致富的主要障碍。

在发展产业时，由于缺乏专业技能，部分想发展敢发展的农户落到血本无归的境地。比如，3组村民刘小军，2011年从山东引进300多只山羊，因不懂养殖技术，花大价钱买来的山羊全部死亡，连发病原因都没找到。6组村民李士军，2011年发展核桃20亩，由于不懂栽培技术，田间管理没有到位，如今4年了依然只是一片核桃林，不见一个核桃果。

（3）小病硬扛，大病难医，积劳成疾，缺乏疾病预防知识，是导致群众返贫的直接原因。受生活环境恶劣和劳动强度过大等因素影响，当地农民患风湿（以高山地区为主）、腰椎损伤等农村常见慢性病的比例较高，因病丧失主要劳动力的农户较为普遍。

据调查，该村健康人口所占比重为64.25%；患长期慢性病的贫困人口所占比重为26.81%；患有大病的贫困人口所占比重为7.66%；残疾贫困人口所占比重为1.28%（见表4）。贫困人口身体健康状况令人担忧，居高不下的患病率，患病、残疾等健康问题成为贫困人口摆脱贫困的最大障碍。

表4　璞岭村贫困人口健康情况

类别	健康	长期慢性病	患有大病	残疾
比例	64.25%	26.81%	7.66%	1.28%

对农村家庭来说，生病以后，常常是小病扛、大病拖，对不能再扛、不能再拖的病，只得住院治疗，而治疗费用就成了农户的沉重负担，农户中若有长期生病或重大疾病患者，不仅不能通过劳动获得收入，反而要支付高额的医疗费用，导致家庭陷入贫困状态，有的甚至债台高

筑。据调查，全村患重大疾病（治疗费用在 2 万元以上）的贫困户共有 150 户，占被调查户数的 22.46%，这次调查的 227 户贫困户中，因病致贫的共 118 户，占被调查户数的 51.98%。该村 8 组村民李启凤，前几年在外打工挣了 20 多万元，前几年修屋用去了 8 万元，儿子在上大学，生活水平在当地属于上等。但一年前在山上砍柴时被压断双腿，经多方抢救才保住性命，只能在轮椅上度过余生，今年他老婆又患了癌症，现在不仅 12 万元积蓄用完了，还找周围百姓借了十几万元，家庭陷入了极端困难的状态。

（4）因灾致贫返贫，是导致群众难以改变贫困现状的又一重要原因。璞岭村自然条件恶劣，农业生产条件差，旱灾、水灾、火灾等灾害频发。在这种恶劣的自然环境下，刚刚解决温饱的贫困户，抵御自然灾害的能力较弱，一遇灾害就会重新返贫。如 2 组的赵泽富，一家 4 口人，在村里属于上等水平，2014 年因火灾房屋和家当全部被烧毁，还烧毁现金 1.6 万元，至今一家 4 口还住在搭建的简易棚里。

三 有利条件众多，精准脱贫充满希望

（一）有自强不息的群众

"现在党的政策好，贫穷只怪自己不争气、不怪党委政府"，"国家有这么多大事要管，脱贫要靠我们自己使劲搞"。这是大多数璞岭人内心深处的朴实想法。我们所到之处，村民都是热情相迎，踊跃询问政策，想通过自己的

努力改变贫穷落后的面貌。该村 1 组 69 岁的贫困户唐本一说"现在中央的政策这么好，是我们自己没用，怪不起党委、政府"，并要求摄影人员不要拍照，免得掉了党委、政府的面子。3 组 45 岁的女村民代表漆昌旭，虽然弟弟在武汉体育学院当院长，多次要她到武汉去生活，但她依然舍不得周围的山山水水和老百姓，还想带头发展 100 个山头，带领大家脱贫致富，她说"只要有人带头，有技术指导，我不但自己搞，还发动周围的人搞"。

（二）有坚强有力的村级班子

在调查过程中，我们感觉到村"两委"班子战斗力还是很强的，也受到群众的拥护，只是基础实在太差，导致没有摘掉贫困村的"帽子"。村组干部都有带领群众脱贫致富的强烈愿望。调研组进村后，村党支部书记、村委会主任王朝东表态说："我在村里干了几十年，现在依然贫困，深感内疚。现在璞岭村被纳入全县精准扶贫试点，这是上级对我们最大的信任，我们不管脱几层皮、流几身汗，都要把工作做好！"老党员骆先炎，已经 82 岁高龄，入党 59 年，但老骆仍积极参加村组织的活动，由于腿脚不方便，不能坐摩托车，每次都是步行 5 里路来村委会。儿子患癌症于 2014 年去世，今年村委会想给他评低保，但他却笑着拒绝了："我是老党员啦，先紧别人做！"

（三）有丰富的自然资源

全村共有耕地 4650 亩，人均耕地面积 2.4 亩，高于全县人均 1.3 亩的平均水平，且连片百亩以上耕地比较普遍。特别是该村海拔从 620 米到 1600 米，属立体性气候，加上有林地 37761 亩，高中山种药材、核桃、魔芋，中低山种茶叶、种草养羊，具有极大的发展潜力。同时，该村还有丰富的煤炭资源和铁矿资源，发展潜力巨大。

（四）有一批想当示范户的带头人

该村在产业发展中，涌现了一批敢闯敢干的示范户，在当地群众中引起了反响。比如，1 组雪山坪的伍学福带头发展中药材种植，创建璞岭林下药材专业合作社，不仅自己年收入超过 30 万元，还带动吕学用、雷横等 15 个农户通过种植贝母、独活等中药材实现年收入过 10 万元。又比如 3 组的漆小平，通过酿酒养猪，2014 年出栏生猪130 头，销售白酒 4.7 万斤，年纯收入 20 万元，今年计划再扩规模，生猪出栏 260 头，销售白酒 5 万斤。还有养羊专业户刘小军，虽然前些年养羊全军覆没，但他强烈的发展意识依然如故，只要加以支持指导，他还准备把打工的钱拿回村，带领群众大干一场。这些示范户有头脑、有基础、有技能、有气场，有志成为引领群众致富的带头人。

四　有益的启示

启示之一：基础设施与精准扶贫齐头并进。扶贫开发贵在精准，重在精准，成败与否在精准。要深刻认识到精准扶贫是习近平总书记在扶贫开发理论和实践上的重大创新，是扶贫开发工作阶段性特征的必然要求，准确把握精准扶贫的科学内涵，推动扶贫开发工作进一步聚焦"精准"二字，在"六个精准"上做足功夫。农村基础设施和公共服务体系薄弱始终是扶贫攻坚的瓶颈问题，大面积、连片贫困带也往往发生在基础条件差的地方。要把改善生产生活条件作为治本之策，围绕水、电、路、田、林、教、医等方面的瓶颈，统筹规划、稳步实施、全面建设，与精准扶贫同步有序推进，切实做到雪中送炭，实现保基本、广覆盖，不断提高规模档次。

启示之二：政府主导与农民主体缺一不可。政府主导是扶贫攻坚的关键，贫困群众是扶贫攻坚的建设主体和受益主体，是推进贫困地区跨越发展的根本动力，二者缺一不可。各级政府要把扶贫攻坚作为一项全局性任务来部署推进，定目标抓落实，协调各方面力量，鼓励引导社会参与，统筹推进精准扶贫攻坚工作。同时还要充分发挥群众在精准扶贫、精准脱贫推进工作中的主体作用，激励群众自力更生、艰苦奋斗，坚持"自己的事情自己干，大家的事情一起办"，主动投工投劳、出资出力，有效激发和调动贫困群众建设美好家园、创造幸福生活的积极性、主动性和创造性，用自己的智慧和双手脱贫致富。

启示之三：因户施策与提高农民组织化程度相互统一。在精准识别贫困对象的基础上，要根据贫困户的致贫原因，按照"因地制宜、因户施策"的原则，分类帮扶，并制定分年实施的帮扶规划，进行建档立卡，跟踪问效。同时，要把有劳动能力且有产业发展意愿的贫困户，通过分户经营、合作社联户经营和依托大户入股经营等方式进行帮扶，不断提高农民组织化程度，稳步增加贫困农民收入。

启示之四：开发式扶贫与救助托底双轮驱动。一方面要广泛动员、鼓励、引导贫困地区的干部群众大干苦干巧干，把自己的努力同国家的扶持有机地结合起来，通过开发自然资源和人文资源，发展商品生产，改善生产条件，增强自我积累、自我发展的能力，不断提高贫困山区"自我造血"功能。另一方面要强化社会救助救急托底功能，对无劳动能力、无智力以及列入"五保"供养的孤寡老人等对象要全面落实生活保障，提高救助水平，兜住民生底线。

启示之五：党政动手与社会参与有机结合。精准扶贫工作要坚持全党动手，全民动员，全社会参与，切实把扶贫攻坚列入重要议事日程，切实加强组织领导，严格落实责任，确保扶贫攻坚强力持续推进。要发挥好市场这只"看不见的手"的作用，运用市场的强大力量，推动最具活力的市场主体进入贫困地区，促进发展能力最强的组织与发展需求最迫切的贫困群体有效对接，吸引各类资源要素向贫困地区流动、各类市场主体到贫困地区投资兴业、各类金融机构增加对贫困地区和扶贫项目的信贷投放。积极研究制定激励措施，支持和鼓励各类市场主体运用市场办法，参与扶贫开发，提高资源利用效率和扶贫实效。

启示之六：生态建设与扶贫开发相互促进。生态建设与扶贫开发是一项浩大的系统工程，涉及面广，影响力大，这就要求我们要从战略高度认识这一区域生态问题的重要性，明确生态建设与扶贫开发的主要目标，即生态承载功能显著增强，绿色发展方式初步形成，和谐社会建设明显进步，牢牢把握环保红线、水系蓝线、山体绿线，把生态环境建设摆在与经济发展同等重要的位置，以适度开发、发展生态经济、加大智力与科技扶贫力度和重视生态文化等策略，促进民族贫困地区生态环境保护与扶贫开发的良性互动，坚定不移地走生产发展、生活富裕、生态良好的文明发展道路。

五　下一步对策

（一）提振精神区位，增强群众自我发展意识

以群众为主体，始终抓住贫困群众增强自我发展能力这个关键，根据不同年龄段和文化层次，分类制订和实施教育培训计划，加强对贫困群众的思想观念和政策法规教育，教育和引导他们树立"脱贫先立志、增收靠勤劳、致富靠自己"的意识，克服惰性思维和"等靠要"思想，充分发挥贫困户在产业培育、基础设施建设、技术技能运用等方面的主观能动性，进一步坚定贫困户脱贫致富奔小康的信心和决心。

（二）坚持分类施策，出台"五个一批"的帮扶措施

因贫困原因、贫困类型实行分类施策，对症下药。一

是产业扶持一批，让4万贫困人口端上"金饭碗"。根据该村现在的产业特色，以药材、茶叶、养殖为支柱，大力发展专业合作社，采取"一对一"产业帮扶模式，按照立体气候分布特点，引导农民实行专业化、规模化、标准化种养，力争三年内建成带状分布的"4个3000亩"基地，即3000亩药材、3000亩茶园、3000亩果树、3000亩草场，新增4500亩经济园，让处在不同海拔地域的农户都能找准发展产业的路子。全部受益后为民增收1000万元，全村可实现人平增收5100元，227户712人的扶贫户可实现完全脱贫。二是搬迁安置一批，让6000多贫困人口住上"安乐窝"。积极整合扶贫搬迁、生态移民、危房改造等项目资金，帮助高寒地带的贫困群众实行梯次搬迁，高的进坪，坪的进城，做到搬得出、稳得住、能致富。对该村38个需要紧急改造的危房和2组处于地址滑坡体上的4户17人，由于自身能力匮乏无法改造或搬迁，必须按照兜底思路，由县住建局根据群众实际需求统一规划设计，村委会组织实施，交给群众使用，确保人民群众生命财产安全。三是政策托底一批，探索农村安居房政策，让3万多"两无人员"吃上"定心丸"。改变过去"撒胡椒面"的做法，在深入调查走访、认真建档立卡的基础上精准确定低保和优抚对象，实行集中供养与分散供养相结合，确保应保尽保、不漏一人、不错一人。四是对因病致贫扶持一批，让1万多因病致贫群众渡过难关。研究制定提高新型农村合作医疗基本药物报销比例实施办法，力争医疗报销比例有所提高。对身患重疾大病的贫困家庭，要充分发挥商业保险的补充优势和"大病关爱壹佰基金"的救助功能，对农村贫困人口实行特殊医疗救助保障，让贫困人口看得起病、看得好病，切实遏制和减少农村因病致贫和因病返贫情况。五是对贫困学生资助一批，让1万多贫困学生"斩穷根"。在全面落实"两免一补"政策基础上，充分发挥助学启智"英子姐姐"等民生品牌作用，整合各类助学资金政策，全面保障适龄学生一个不漏地全面完成九年义务教育。深入实施生源地信用助学贷款政策，对能考取大专院校和高职高专的贫困学生提供贷款帮助，切实帮助困难学生顺利完成学业，确保不让一个学生因贫困而失学，不让一个家庭因学生上学而陷入绝对贫困。

（三）实施精准滴灌政策，深入开展"九到户"工程

要在精准识别对象的基础上，坚持"精确瞄准，到村到户"原则，深入贫困村、贫困户分析致贫原因，摸清帮扶需求，因村施政、因户施策，逐村逐户制定帮扶措施，集中力量进行扶持，一改以往的"大水漫灌"为如今的"精准滴灌"，全面实施水电路等基础设施到户、产业精准到户、技术培训到户、资金扶持到户、项目帮扶到户、政策普及到户、特困救助到户、合作社网络到户、对口支援到户等"九到户"工程，进一步明确扶贫靶向，提高扶贫开发的针对性和实效性。

（四）夯实基层组织，培养一支好的引路人队伍

路线确定之后，干部就是决定因素。精准扶贫的一系

列规划能不能最终实施，班子很重要。要从政治素质好、熟悉农村工作、熟悉镇村实际的年富力强干部中选拔第一书记常驻贫困村，帮助贫困村强班子理路子、解难题办实事、促发展惠民生，推进基层组织转化升级，推动贫困村脱贫致富，做到不脱帽、不脱钩、不撤离，并将第一书记的扶贫脱贫工作成效作为干部来源和干部提拔的重要依据。深入开展学习文朝荣活动，建强村级班子，为群众脱贫致富找靠山。

（五）突出大户和龙头企业带动，培养一批好的带头人

一是扩大药材专业合作社，将药材种植打造成主导产业。扶持种植专业户伍学福继续扩大合作社规模，将所有药材种植户吸纳入社，社员规模达到250户以上。扶持合作社建种苗基地，免费供苗到户，鼓励大户流转东坪、西坪和顶坪土地，发展药材3000亩以上，其中集中连片达到1000亩，加大技术培训力度，加强基地管理，力争亩产过5000元，收入突破1500万元。二是依托廪君茶庄专业合作社，提高茶叶管培水平。支持廪君茶庄进驻璞岭，流转土地新发展茶叶基地1000亩，新建茶叶加工厂1个，发展社员400户以上，实现茶叶产业的种植、管理、收购、加工、销售一体化，力争每亩收入突破4000元，创产值800万元。三是依托外出务工回乡创业人员组建山羊养殖专业合作社。支持该村发展山羊养殖专业合作社，实行种草养羊，带动周边农户退耕还草大力发展山羊养殖，力争年出栏山羊达到1000只，产值100万元。四是积极培育

本地示范户成立核桃专业合作社。对已发展的 800 亩核桃实行统一管理，加大技术培训力度，规范田间管理，提高产果率。

（六）加大培训力度，实施"一户一个明白人"工程

树立"扶贫先扶智、治穷先治愚"的思想理念，把提升农民整体素质作为扶贫开发的重要突破口，大力开展实用技术、劳务技能培训，让每家每户有一个政策、科技和信息方面的"明白人"，掌握一门发家致富的好技术，为贫困群众搞好农业生产、发展致富产业、提升基本技能、尽快摆脱贫困提供强有力的技术支撑。

（七）广泛宣传发动，动员社会广泛参与

精准扶贫是全民的"大合唱"，不是"独角戏"。我们将实行县、乡、村"三级联动"，政府、市场、社会"三位一体"，举全县之力向贫困发起"总攻"。县、乡、村都成立领导小组，组建强有力的工作专班，三级互动互联，层层都有责任，层层压实责任。强化部门责任，协同作战，不推诿、不"围观"，自觉应战。广泛发动群众。精准扶贫，农民既是对象，又是主体，要让农民做主，而不是替农民做主，充分发挥农民的积极性和主动性，变"要我富"为"我要富"，形成全社会共同抓好精准扶贫、精准脱贫的强大合力。

调查结束后，我们调查组在村委会就调查了解的情况进行了认真分析总结，大家都表示，通过这次调查，我们

产生了从未有过的内疚感，没想到改革将近 40 年了，还有这么多人没有脱贫，这么多人生活如此艰难，而人民群众没有抱怨党和政府，他们只怪自己没搞好，我们对人民群众有亏欠；产生了从未有过的使命感，中央做出了精准扶贫、精准脱贫的战略部署，省委提出要打赢这场攻坚战，我们有幸参加这一场带领人民群众脱贫致富奔小康的战役，使命光荣；产生了从未有过的责任感，要始终饱含对人民群众的深厚感情，千方百计帮助群众脱贫致富，与省市同步进入小康社会。

参考文献

书籍类

白雪秋、聂志红、黄俊立等:《乡村振兴与中国特色城乡融合发展》,国家行政学院出版社,2018。

冯俊锋:《乡村振兴与中国乡村治理》,西南财经大学出版社,2017。

国家行政学院编写组:《中国精准脱贫攻坚十讲》,人民出版社,2016。

陆汉文、黄承伟:《中国精准扶贫发展报告(2017)》,社会科学文献出版社,2017。

孙璐:《扶贫项目绩效评估研究:基于精准扶贫的视角》,社会科学文献出版社,2018。

王孔敬:《民族地区特色资源产业精准扶贫研究》,科学出版社,2017。

为公:《第一书记与精准扶贫:农村扶贫工作反思与创新》,首都经济贸易大学出版社,2018。

习近平:《摆脱贫困》,福建人民出版社,2014。

习近平:《习近平谈治国理政(第一卷)》,外文出版社,2017。

张丽君、吴本健、王飞、马博等:《中国少数民族地区扶贫进展报告（2017）》，中国经济出版社，2018。

中央宣传部:《习近平新时代中国特色社会主义思想三十讲》，学习出版社，2018。

论文类

陈升、潘虹、陆静:《精准扶贫绩效及其影响因素：基于东中西部的案例研究》，《中国行政管理》2016年第9期。

程名望、张帅、史清华:《农户贫困及其决定因素——基于精准扶贫视角的实证分析》，《公共管理学报》2018年第1期。

范和生、唐惠敏:《农村贫困治理与精准扶贫的政策改进》，《中国特色社会主义研究》2017年第1期。

高飞、向德平:《社会治理视角下精准扶贫的政策启示》，《南京农业大学学报》（社会科学版）2017年第4期。

宫留记:《政府主导下市场化扶贫机制的构建与创新模式研究——基于精准扶贫视角》，《中国软科学》2016年第5期。

李棉管:《技术难题、政治过程与文化结果——"瞄准偏差"的三种研究视角及其对中国"精准扶贫"的启示》，《社会学研究》2017年第1期。

林俐:《供给侧结构性改革背景下精准扶贫机制创新研究》，《经济体制改革》2016年第5期。

刘建生、陈鑫、曹佳慧:《产业精准扶贫作用机制研究》，《中国人口·资源与环境》2017年第6期。

刘彦随、周扬、刘继来:《中国农村贫困化地域分异特征及其精准扶贫策略》，《中国科学院院刊》2016年第3期。

刘万振：《完善精准扶贫监督考核机制的路径选择》，《改革》2018 年第 1 期。

马池春、马华：《精准扶贫进程中的问题审视与策略思考——基于"两省三县"的实地调查》，《岭南学刊》2018 年第 1 期。

莫光辉：《精准扶贫：中国扶贫开发模式的内生变革与治理突破》，《中国特色社会主义研究》2016 年第 2 期。

潘慧、滕明兰、赵嵘：《习近平新时代中国特色社会主义精准扶贫思想研究》，《上海经济研究》2018 年第 4 期。

任超、袁明宝：《分类治理：精准扶贫政策的实践困境与重点方向——以湖北秭归县为例》，《北京社会科学》2017 年第 1 期。

沈菊：《农村空心化背景下精准扶贫对象主体意识培育研究》，《农业经济》2018 年第 3 期。

檀学文、李静：《习近平精准扶贫思想的实践深化研究》，《中国农村经济》2017 年第 9 期。

王春光：《政策执行与农村精准扶贫的实践逻辑》，《江苏行政学院学报》2018 年第 1 期。

汪三贵、郭子豪：《论中国的精准扶贫》，《贵州社会科学》2015 年第 5 期。

王文彬、张军：《农村空心化下精准扶贫的困境与破解路径》，《地方财政研究》2018 年第 2 期。

卫小将：《精准扶贫与主体性塑造：再认识与再反思》，《中国行政管理》2018 年第 4 期。

许汉泽、李小云：《精准扶贫背景下农村产业扶贫的实践困境——对华北李村产业扶贫项目的考察》，《西北农林科技大学学报》（社会科学版）2017年第1期。

徐龙顺、李婵、黄森慰：《精准扶贫中的博弈分析与对策研究》，《农村经济》2016年第8期。

赵晓峰、邢成举：《农民合作社与精准扶贫协同发展机制构建：理论逻辑与实践路径》，《农业经济问题》2016年第4期。

杨定玉：《少数民族地区精准扶贫问题研究述评》，《民族论坛》2016年第2期。

颜强、王国丽、陈加友：《农产品电商精准扶贫的路径与对策——以贵州贫困农村为例》，《农村经济》2018年第2期。

虞崇胜、余扬：《"扶"与"脱"的分野：从精准扶贫到精准脱贫的战略转换》，《中共福建省委党校学报》2017年第1期。

赵和楠、侯石安、祁毓：《民族地区"精准扶贫"的实施难点与改进建议——基于四省民族贫困区的调查》，《学习与实践》2017年第2期。

赵锐、眭睦、吴比：《基于动态贫困理论视角的精准扶贫机制创新》，《农村经济》2018年第1期。

赵武、王姣玥：《新常态下"精准扶贫"的包容性创新机制研究》，《中国人口·资源与环境》2015年第S2期。

张玉强、李祥：《我国集中连片特困地区精准扶贫模式的比较研究——基于大别山区、武陵山区、秦巴山区的实践》，《湖北社会科学》2017年第2期。

祝慧、莫光辉、于泽堃：《农村精准扶贫的实践困境与路径创新探索》，《农业经济》2017年第1期。

左停、杨雨鑫、钟玲：《精准扶贫：技术靶向、理论解析和现实挑战》，《贵州社会科学》2015年第8期。

后　记

　　璞岭村是位于我国武陵山连片特困地区的一个土家族人口占大多数的山村，全村人口 2000 余人。这个山村拥有秀丽的风景，但是长期的高山阻隔，也让该村的村民在改革开放和全面小康社会建设进程中错失了一些机会。一次偶然的网络新闻浏览，我看到了《璞岭村调查》这篇报告，也让我对璞岭村的精准扶贫实践产生了兴趣。经过后续相关资料的查阅，我发现璞岭村是武陵山连片特困地区长阳土家族自治县的精准扶贫示范村。而且，由该县县委领导同志撰写的《璞岭村调查》得到了中共湖北省委、宜昌市委主要领导的充分肯定，中共湖北省委办公厅印发"参阅件"供各地学习借鉴。在得知中国社会科学院启动国情调研特大项目"精准扶贫精准脱贫百村调研"时，我自告奋勇将璞岭村作为自己的国情调研点进行申报，希望能够对璞岭村的精准扶贫实践进行学理上的观察和分析。很幸运的是，中国社会科学院批准了我的立项，资助我以"武陵山片区土家族贫困村精准扶贫成效研究"为题完成研究。

　　整个研究工作是在多方主体的帮助下得以顺利完成的。在中国社会科学院科研局的支持下，课题组得以使用标准化问卷进行问卷调查，这些数据很大程度上帮助我们完成了该村精准扶贫效果主观评价的研究。研究工作的开展还要感谢中共长阳土家族自治县县委、县政府的大力支持。在收到我们发去的调研函后，县委书记赵吉雄同志做出重要批示，要求县委政策研究室、扶贫办、都镇湾镇党委等部门全力支持我们的驻村调研工作。在调研期间，还要特别感谢长阳土家族自治县扶贫办的钟和平主任、白万里副主任、秦道见副主任、杨青副主任（时任璞岭村驻村"第一书记"）以及其他同事，杨青副主任亲自送我们到都镇湾镇和璞岭村，并多次带着驻村干部协助我们进行访谈和问卷调查。都镇湾镇党委书记王锐同志和副镇长刘爱国同志也很关心调研组在璞岭村的调研和生活情况，并为我们提供了翔实的统计资料。调研工作的顺利开展，也要感谢璞岭村王朝东书记在内的村"两委"班子全体干部，王朝东书记在安排好每天的扶贫工作之余，会亲自带我们到抽样调查的农户家中完成问卷调查，并耐心地给我们讲解了璞岭村改革开放以来的发展变化。而其他几位村干部也直接帮助我们联系抽样农户完成访谈和问卷调查。如果没有他们的全力帮助，我们的研究工作肯定不会进展得这么顺利。我还要特别感谢中国社会科学院檀学文老师，正是在他的帮助下，我才得以很快与长阳土家族自治县扶贫办商定实地调研事宜。此外，我还要感谢国情调研特大项目精准扶贫精准脱贫百村调研项目办公室工作人员曲海燕博士，以及民族学与人类学研究所科研处王小霞老师。实地调研任务的完成，还受益于中国人民大学的元林君博士，她协助我完成了驻村调查，并在后期的调研资料整理中承担了大量的工作。最后，我也向为此书的编辑出版工作付出艰辛劳动的同志们表示衷心感谢。

璞者，玉也。在精准扶贫政策的帮扶下，璞岭村的村民主动求富求新的观念正不断强化，村民们在精准扶贫进程中的获得感和幸福感也持续增强，村庄的发展条件有了显著改善。目前，在各级党委、政府的引导下，在各级帮扶力量的帮助下，璞岭村已经走出了一条产业脱贫、产业富民的道路。期待通过高质量精准脱贫的实践和乡村战略的实施，璞岭村这块"美玉"能够在决胜全面建成小康社会的进程中熠熠生辉。

宁亚芳

2019 年 10 月

图书在版编目（CIP）数据

精准扶贫精准脱贫百村调研. 璞岭村卷：茶叶、药
材产业规模化助力高质量脱贫 / 宁亚芳著. -- 北京：
社会科学文献出版社，2020.6
　ISBN 978-7-5201-5179-5

Ⅰ.①精…　Ⅱ.①宁…　Ⅲ.①农村-扶贫-调查报告
-长阳土家族自治县　Ⅳ.①F323.8

中国版本图书馆CIP数据核字（2019）第146091号

· 精准扶贫精准脱贫百村调研丛书 ·

精准扶贫精准脱贫百村调研·璞岭村卷
——茶叶、药材产业规模化助力高质量脱贫

著　　者 / 宁亚芳

出 版 人 / 谢寿光
组稿编辑 / 邓泳红　陈　颖
责任编辑 / 张　媛

出　　版 / 社会科学文献出版社·皮书出版分社（010）59367127
　　　　　　地址：北京市北三环中路甲29号院华龙大厦　邮编：100029
　　　　　　网址：www.ssap.com.cn
发　　行 / 市场营销中心（010）59367081　59367083
印　　装 / 三河市尚艺印装有限公司

规　　格 / 开　本：787mm×1092mm 1/16
　　　　　　印　张：14.25　字　数：141千字
版　　次 / 2020年6月第1版　2020年6月第1次印刷
书　　号 / ISBN 978-7-5201-5179-5
定　　价 / 59.00元